拖鞋教授的海洋之夢

——DIY一條船去環遊世界

蘇達貞、王梅 著

錄

目

明天要做的事，其實是你一輩子都不會做的事；只有今天做的事，才是真正會做的事。

這是一個關於圓夢的故事。

年過六十的退休教授蘇達貞，在慢活人生的下半場，突然被年輕時種下的夢想種籽敲醒，於是開始進行他的夢想計畫……

海洋基
岳明國

【愛上海洋的N種方式】

海洋文學作家廖鴻基總是勸人，「這輩子不要只留在城市和人群裡面，轉過頭來面向大海，反而海闊天空。」（上）

帆船、獨木舟、浮潛、海泳……，你打算用什麼方式親近海洋？愛上海洋，一點都不難，就從走近它開始。（右）

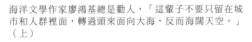

「沒錯，就是這裡了！」拖鞋教授蘇達貞覺得這裡的海況、天候皆酷似夏威夷，心裡不免一陣悸動。後來他常望著太平洋的另一端思索，「不曉得為何先民要來此定居？」答案也許跟他一樣，看上這裡的好山好水，想尋找一塊夢中的樂土。

【夢想基地，鹽寮樂土】

既然回不去夏威夷，就乾脆「把夏威夷搬到鹽寮」

花蓮鹽寮，被國內媒體評選為最適合退休的幸福小鎮之一。如果你也在尋找一個幸福的樂土，歡迎來鹽寮，除了帶一把鋤頭，記得帶著你的拖鞋。

【實現夢想的第一步：追夢農場】

訪客們總喜歡或踩或坐在鞦韆上，嘗試拍下「盪到太平洋上」的驚奇畫面。（上）

追夢農場的迎賓大道，但是到農場一定要去看看外人不知的密徑。（中）

追夢農場全景（下）

前進太平洋的指標。這裡，通往拖鞋教授與團隊實現夢想之路。（上左）

來此體驗過海泳、浮潛、衝浪、獨木舟等海洋活動者，一定記得這幅橫匾。（上右）

依地勢建成半懸空的東露台，高腳屋地板中間巍然冒出兩棵大葉欖仁樹和一棵椰子樹，遠看又像樹屋。（下）

【農場生活篇】

葡萄成熟時，拖鞋教授會將葡萄釀成「追夢葡萄酒」。（右上）

一旦完成一次海上挑戰、一次活動任務，就一起登上塔台歡呼歌唱吧。（右下、中下）

用海洋深層水培育出的葡萄。（中上）

阿德從海大一路跟著拖鞋教授，沒再換過老闆，教授退休移居花蓮，他也被這塊土地「黏」住了。（左上）

偉大的冒險家，從不做冒險的事，事前詳細規劃、謹慎面對大海。（左上）

賭氣乘著破舊的海上救生橡皮筏，獨自一人在海上漂流 24 小時。上岸後他說：「我永遠不要再來一次！」（左中）

拖鞋教授的海上漂流以及他親手做的得意作品鬼頭刀滑水板。（右）

【造夢與追夢的拖鞋教授】

夏威夷求學時代的蘇達貞。（左上、右上）

他在海洋大學有個拖鞋教授的外號。（右中）

手上拋轉的都是海洋之夢吧。（右下）

【不老水手勇闖太平洋】

有「不老騎士」，當然也可以有「不老水手」

2013 年，拖鞋教授帶著 8 名花甲熟年族，徒手划獨木舟勇渡花蓮清水斷崖，為台灣的熟年族寫下歷史紀錄…

跟著不老水手獨木舟隊伍的，還有一艘由「正港水手」阿溪伯掌舵的金發漁壹號擔任戒護船。

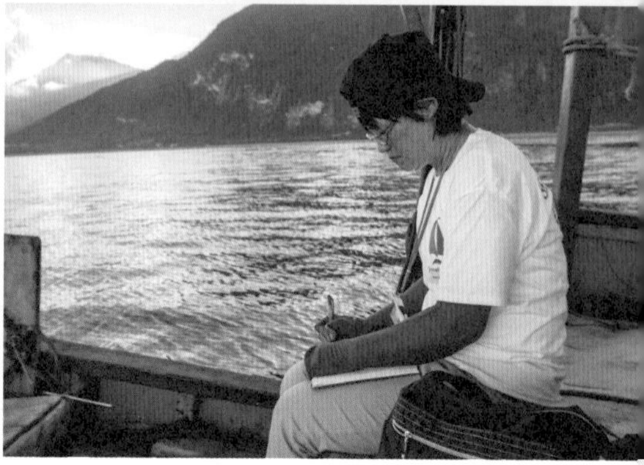

本書作者王梅暈船暈得嚴重，仍堅持好好記錄下這次不老壯遊。

不老水手，出發！

船剛出海，阿溪伯就灑網捕魚，很快就拉起一條約一公尺長的「鬼頭刀」。

不老水手高舉著槳，四艘紅色獨木舟一字排開，顯得十分整齊壯觀。

所有船隻往九點鐘方向集結，然後朝目的地衝刺。

王翠菱站在戒護船船頭，關注著不老水手們的安全。

「八點鐘方向有海豚出沒。」對講機傳來的訊息讓大家頻頻驚呼叫好。海豚躍出水面成了此次活動的高潮。

Ben的辦公室在山林、
河流、海洋。(左、下)

作者王梅第一次的海洋震撼教育，就是被Ben硬「架」著出海。

拖鞋教授一向是「愛的教育」，但 Ben 的「斯巴達式教育」則是另一番境界，硬是把人的潛力徹底逼出來。（上）

東華大學的學生常在校園內聽學長們談起Ben，他的體育課很特殊，也很操。（右）

【班哲明的震撼教育】

【帆遊世界夢想團隊】

拖鞋教授在夏威夷種下第一顆夢想的種籽，如今，這不只是他一個人的夢，而是一群人的夢。他領著一群年輕人，航向大海的懷抱。

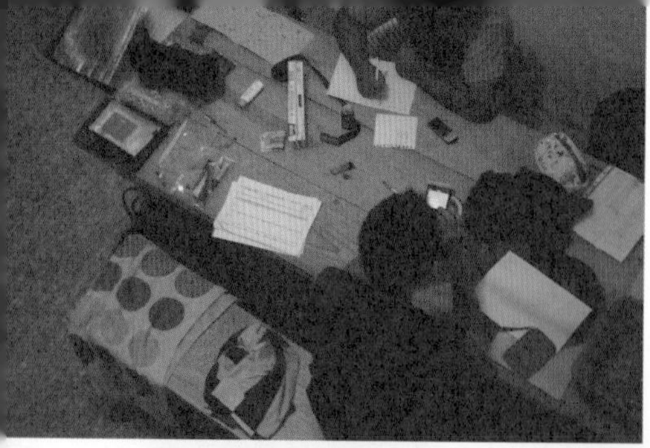

偉大的冒險家，不做冒險的事。拖鞋教授帶領夢想團隊的成員一起規劃，親手打造一條帆船——第一代拖鞋號。

【DIY 一條船去環遊世界】

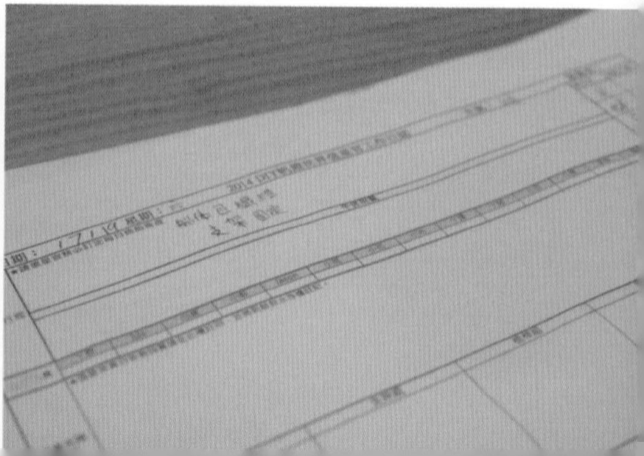

模仿古太平洋島民的船型所設計的小型獨木舟，以方便組裝和拆卸為理念。小船可以登陸任何沙灘或礫石灘地形，並輕易地在海灘上拆卸組裝，不需要停靠任何海港。

「DIY 帆遊世界」夢想團隊將駕著第一代拖鞋號，以「跳島」方式，完成環遊世界的目標。

【大海我來了】

【不再錯過 70%的世界】

推薦序

面向開闊

海洋文學作家　廖鴻基

得知蘇達貞老師將主持「ＤＩＹ一條船去環遊世界」計畫，也曉得執行這計畫並不容易，但我一點也不意外，甚至幾分理解蘇老師必要完成這件事的心思。

看著山頭想要攀登，望著天空想像飛翔，看著飄雲想要流浪，眺望泱泱海面想要航海。海島最不缺的就是望海視野。記得年輕時海邊看海，常想像那浮雲座落的海平線外可能隱藏著一片值得探索的新世界，也曾想像造一艘船海上漂泊。經過了幾次遠航，才讓我稍稍滿足了航海的想望。

想飛、想流浪、想要航海，所以人類發明飛行器飛在天空，所以建造船舶航於大海，人類藉由夢想不斷跨越界線，不斷擴大生活領域。

絕非一時衝動，不是一時情緒，造一艘船環遊世界，是整體人類夢想與向外開展的原型。夢想若流於想像，或可說是一時衝動，夢想若要落實，所有行動便是開創。

造一艘船環遊世界的夢想必然是長時醞釀，點滴累積而來。沒有泥土，沒有泥土中的養分哪來盆面上的花朵。構想或可豪邁，一旦著手就必要膽大心細，所有規劃所有細節都必須縝密細膩。

蘇老師長久以來致力於海洋意識、海洋活動的推廣，造一艘船環遊世界，相信是他這輩子的累積及展現。好比人類向海模式，從潮間帶而沿海，由沿海而近海、而遠洋。一步步往外探索，一步比一步寬廣。

當生命面向開闊，走的自然是越來越開闊的路。

其實蘇老師不年輕了，是到了可以享受清閒退休頤養天年的年紀。但蘇老師選擇繼續前進，繼續攀爬下一波高點。

不是不服老，我想，他是想完成更多關於海洋而且有意義的事。所以選擇繼續辛苦。

認識蘇老師不過短短五年，這五年內曾在他的教導指揮下參加獨木舟環島、獨木舟清水斷崖、以及不老水手航越新蘭灣活動。隱約明白，他一貫的行事風格和生命節奏。多少次，面對捲浪洶洶或碎浪滾滾，他以其專業，以其膽識，以其溫柔和細心，讓一個個缺水恐海的陸地子民，對象從孩童直到耄耋老者，他們一一攀著蘇老師費心舖陳的階梯，一步步涉於海，浮於海，而樂於海。

改變自己並不容易，改變他人更難；克服一時的恐懼也許不難，但讓人願意面對恐懼、挑戰恐懼則難上加難。

多少人因為參與蘇老師的海洋活動，而從過去背對著海的姿勢，轉過頭來，開闊地面對大海。活動參與者中，許多人不具游泳能力遇水緊張，許多人沒碰過海水或不曾下海游泳。下水練習前，蘇老師以讓人安心的口吻跟他們說：我們最喜歡教不會的人，我們最討厭教水性好又很會游泳的人。

這句話安慰、安撫及心理建設成份居多，但我看見的是，一個老男人極大的溫柔與耐心。

他開啟許多海洋活動先例，他做了許多人以為不可行、並不看好而且不敢做的事。以具體行動為人打開一扇開闊的門，為師者的最大意義。

儘管許多人稱他「拖鞋」，樸素性格的他也希望這樣子的簡單稱呼，但我還是一直稱他「蘇老師」，因為由衷敬佩他為這海島的海洋自覺作出無可替代的貢獻。

所有生命都有拓展自己生活領域的本能。當眼睛看著那，心中有了渴望，設法讓自己的腳跟著走向那。一輩子中或許值得好好做件事，這件事無關功名利祿，單純就為了完成而毅然決然。

生命將因而瀟灑美麗。

這本書佐以廣泛資料，正寫或側寫蘇老師這個行事風格特殊經常走不一樣路的人，耳順之年的他如何選擇繼續前進，繼續辛苦。這本書也報導了造一艘船環遊世界計畫的緣起以及目前狀況。

書中也提及冒險教育以及來到現場親身體驗對一個人的影響。

陸地固著安穩，海域顛簸，即使風平浪靜每一寸甲板也始終搖晃不定。岸上擁擠競爭，海域寬敞疏闊。要不要？冒一點險，付點代價，就有機會看見陸地以外截然不同的風景。

冒險教育是精神層次提升的活動，經由縝密的規劃將活動危險度降到最低，也就能享受因冒險行為而產生生命成長的刺激。

似乎笨的人才選擇辛苦的路走，但人類歷史上傑出的事件往往是這些笨的人走出來的。

造艘船環遊世界這件事，確實需要一點瘋勁和許多傻勁。

不為了征服大海，挑戰的對象永遠是自己，是學著溶入大海，學習尊重大海。

藉寫序機會表達對蘇達貞老師的敬意，並祝福將要啟航的環遊世界計畫順利成功。

推薦序

教人玩海的拖鞋教授

台東基督教醫院院長 呂信雄

認識拖鞋教授是二〇一三年參加划獨木舟橫越清水斷崖的不老水手之旅。

從小在花蓮漁村長大的我，熱愛海上活動，但可惜在我的成長年代，因為戒嚴，海邊可以玩的層面太有限。

對海上活動超乎熱情的拖鞋教授，不但自己玩海，也教大家玩，更鼓勵已上年紀的熟年族玩海。今年他更有一創舉：要ＤＩＹ一艘帆船環遊世界。

這本書會讓你對海產生興趣，也瞭解拖鞋教授這麼樣一個有趣的人。

推薦序

自然的生活實踐

弘道老人福利基金會執行長　林依瑩

有緣認識拖鞋老師，要感謝王梅姐。

兩年前，王梅姐打電話給我，說不老騎士我們都敢辦了，不妨也試試不老水手。對大海陌生的我，無從判斷起，於是和弘道的工作夥伴們先到花蓮鹽寮親身體驗。

抵達位於鹽寮的蘇帆海洋學堂，就被拖鞋老師經營二十年的生態園深深感動，看似無拘無束的生活哲學，倒是蘊藏了現代化社會罕見的樸實自然人本精神。鹽寮緊臨海邊，數天的培訓、海上體驗都在方寸之間，也充分感受到凡事「合一」，生活與大海合一、心思意念與大海合一，連夜間的星空都送我們一個難得一見的碩大慧星。

我永遠記得在海上划獨木舟，如同在母親的搖籃中，如此安心與自在。我像夢甜的嬰兒般，倘佯於大海之中，不時滿足地微笑。體驗過，就不難感受，八十歲劉文德阿公，成功挑戰清水斷崖八公里的興奮心情——當了不老手水，人生才真正活過。

在拖鞋老師的身上，我體會到生命就是一種自然的實踐。很幸運，在我三十九歲時，就有如此體會。

豁出去幹！人生就是要精彩

體育署副署長　彭台臨

世事無常，唯有將每一天當做生命的恩典，才是真正活過了，正如卡拉漢所言：「每一天，每一個困難，每一刻辛苦，都讓得救之路又向前跨出一小步。」

拖鞋，蘇老師，由教授到不老水手，再發展成ＤＩＹ帆船環遊世界的勇敢追夢者，他的世界，從不可能到實現，由恐懼而勇敢，夢想驅使著他，從台灣海島出發探索廣袤無際的海洋世界。蘇老師這種面對海洋的態度，教導了我們，必須學習離開「舒適圈」，脫離日常生活瑣事，勇敢去築夢，追求自己的理想，生命將更加深厚醇美。尤其身處大海中，體會到自我的渺小，學習到謙卑，感恩上帝賜予我們生命的恩典。

我們這一生可以活得精彩，我們必須找到埋藏在靈魂深處的夢想。當找到了自己的人生目標，我們又願意為這目標不惜一切代價，去冒險和改變，就找到了生命的感動。

人生苦短，我們活著每一天都是上天的「禮物」。「人生能有幾回搏，今朝不搏待何時？」豁出去幹吧！蘇老師！因為你可以喚醒眾人對生命的熱情，去追求心靈自由，我相信你的一生會因此燦爛無比。

推薦序

浪漫又實際的夢想家

牙醫師、環保志工　李偉文

或許正如拖鞋教授常掛在嘴上的：「偉大的冒險家從來不做冒險的事」。這句乍聽之下有點矛盾的理論，拖鞋教授除了腳上的拖鞋之外，不管怎麼看，都像是謙沖自持溫文儒雅的長者，絕對無法想像他是一個懷有瘋狂大夢的人。

不過也實在慶幸台灣有個像他這樣浪漫又實際的夢想家，讓這世界充滿光彩，也讓人覺得生命之旅真是繁花處處，美好而令人感恩的。

推薦序

海洋新生活美學

作家　歐北來

我永遠不會忘記，那天坐在花蓮港口部落海祭場旁的礁石平台上，阿美族的海獵人抽著菸問我，「我們不是海島國家嗎，為什麼你們離海那麼遠？」頓時，像被閃電擊中。那一刻起，我一有時間就往海邊跑，重新學習怎麼跟著海洋呼吸的頻率生活，然後才知道，懂海，才是正港海島人。

猜想，這個問題，也是這本書誕生的動機之一，更是期待能夠因此闢出一條屬於台灣的海洋之路。

我的國際衝浪女王朋友貝貝曾說：「因為逐浪而居，才知道何謂生活。」這樣的「海洋新生活美學」在拖鞋教授身上也發揮得淋漓盡致，讀著讀著，好像登上了他的環球帆船上，重新看見了東海岸那片用盡世界所有的藍。

闔上書本之後，重新思索，海，對我們來說，除了海鮮之外，還有什麼？

噢，鼻腔又滿溢鹹鹹的海水味，那是冒險的味道，揚帆吧，一起踏上帆船環球之旅吧！

推薦序

點燃你心中曾經有過的夢想火苗

作家 飛小魚

有人形容環遊世界是「壯遊」，也有人說人生中場就該來一場「大旅行」，夢想本來就沒有年齡限制，它不會老去，不會被遺忘，更不會消失。你以為日子一天天過去了，那些年少癡狂的夢早就消失在風中，不該再提起，忘了吧！

怎能輕易說忘就忘？拖鞋教授心心念念的夏威夷太遙遠了——既然回不去，那就乾脆想法子「把夏威夷搬到鹽寮」。他不是空有大膽幻想，他當真買了塊地，每個假日舟車勞頓往返於基隆與花蓮，親手打造他的追夢農場，箇中艱辛、危險、疲累、刺激的滋味，在簡陋的貨櫃屋住了七、八年的經驗，著實令人咋舌。在別人眼中是瘋狂的行徑，對拖鞋教授卻是夢想的實現。

也許每個人心中都有一座桃花源，都會有個理想的美麗藍圖，但都會說：「我退休後想要……」。不要再高唱「如果有一天」了！已屆耳順之齡的授蘇達貞，都還帶著一群年輕人ＤＩＹ一艘帆船要去環遊世界。用力點燃你心中曾經有過的夢想火苗，勇敢去追夢，才會發現原來自己的心依然如此澎湃洶湧、熱血沸騰！

自序

鹽寮海邊沒有人？

蘇達貞

那年暑假，我習慣性地走向鹽寮海邊，看見海岸邊一位外籍人士，手拿著衝浪板、神色慌張的朝我跑過來，用生澀的國語、不安的語調說：

「先生、先生，今天發生了什麼事嗎？為什麼海邊都沒有人？」

我一時沒有會意過來，很自然的回答說：「這裡海邊一直都沒有人啊！」

老外沒了解我的話，繼續問：「為什麼沒有人來海邊玩水、游泳、衝浪？」

我又本能直覺式的回答說：「因為大家認為海邊很危險！」

老外滿臉困惑，看著大海許久，喃喃的說：「這麼美麗的海灘……」

我終於了解，並體會出他的心情，我說：「是的，鹽寮海岸很美麗，我回去拖我的獨木舟出來划，陪你一起衝浪吧！」這應該是鹽寮海岸第一次有人下海衝浪、划獨木舟吧。

那年寒假，在鹽寮海邊的追夢農場，放下追夢不再的誓願，決定追夢再起，並對外辦了一場DIY帆遊世界的說明會，從此原本平靜的生活又開始忙碌，對生命恢復了敏銳的感受，被遺忘許久的初衷再次燃燒起來，久未聯絡的朋友又紛紛出現在追夢農場，連不相識的素人也聞訊來關懷。

又過了三年的今年（二〇一四年）暑假，十六位熱血青年陪著花甲之年的我，親手打造兩艘小型的ＤＩＹ帆船，打算從台灣花蓮啟航，途經與那國島、石垣島、久米島後航抵日本沖繩島。這是「ＤＩＹ帆遊世界計畫」的首部曲。

這兩艘小型ＤＩＹ獨木舟，是模仿古太平洋島民的船型所設計的獨木舟，以方便組裝和拆卸為理念，讓小船可以到達任何孤島，登陸任何沙灘或礫石灘地形，並能輕易地在海灘上拆卸組裝，不需要停靠任何的海港，以「一個島接著一個島」的「跳島」方式來完成帆遊世界的目標。團隊成員將遵守「不能放進背包裡的東西，就是你不需要的東西」的原則，只攜帶一個背包出海，我們因此自許為「飄洋過海的背包客」。

這隻「帆遊世界」夢想團隊並不認為這是一場冒險之旅，而是以熱愛海洋的自然方式來和海洋進行一段「浪漫、激情和夢想」的對話。以往的教育讓我們只知道鄭和下西洋、哥倫布發現新大陸、麥哲倫環繞世界一周、庫克發現夏威夷。但是很少人知道，比這些人還早幾百年、幾千年的南島語系原住民族，就用獨木舟帆船征服整個太平洋了。他們才是真正的航海巨人，我們這群背包客只是在重溫古太平洋島民的航海旅程。

此書記錄了這段旅程的心情轉折與整備的始末，也間接對台灣的海洋立國政策的迷思，提出另一角度的省思。

自序 瘋狂走一回

王梅

知名海洋文學作家廖鴻基總是勸人，「這輩子不要只留在城市和人群裡面，因為那裡永遠都是擁擠的競爭，不如轉過頭來面向大海，反而海闊天空。」

我自己就是從大城市掙脫、走向海洋的例子。

二〇一二年一月七日，西太平洋海面呼呼吹著東北季風。我在台東都蘭經營民宿的「酆哥」（酆裕國）引薦下，初識半隱居在花蓮鹽寮的蘇達貞老師。第一次接觸蘇老師的印象是「為人和氣，容易相處」，但聽說，他做的事卻常引起他人一陣驚慌與騷動。

夢想的緣起

那個吹著冷風的晚上，蘇老師在自宅「追夢農場」辦了一場「我如何DIY一條船去環遊世界」的說明會。在他任教的東華大學，有一批學生專程前來助陣，表演台灣原住民音樂。我完全是衝著這個不尋常的講題，才甘願冒著刺骨冷風，一路跟著酆哥從台東飆車到花蓮。多年的新聞工作直覺告訴我，「這裡面一定有故事，去看看他葫蘆裡到底賣什麼藥？」

漆黑的冬夜裡，面對著深不可測的太平洋，海浪衝破鹽寮岸邊拍打出巨大的聲響，聽起來十分壯闊詭異。我心裡滴咕，「是哪種『異類』才會跑到這種鳥不生蛋的地方來，若是我，大概三天就落跑了！」

蘇達貞沒有跑，反而在這裡待了十七、十八年。他的外表看起來一點也不特立獨行，沒有蓄著長髮、留著一臉落腮鬍，或者嘴裡叼著煙斗、講話口氣自大傲慢……；整體而言，他就是一個謙謙有禮的學者。

當天賓客如雲，估計約在百人左右，說明會結束後的小型戶外餐會，桌上堆滿食物，彷彿在舉行追夢農場的豐年祭。我趁空隙和蘇老師簡短交談，臨走之前他送了我一本「蘇帆海洋文化藝術基金會」成立的紀念文集。

回台北以後，當晚的畫面始終揮之不去，不光是鹽寮的淒風苦雨和東華學生穿透海浪的嘹亮歌聲，還包括蘇老師特殊的個人背景，以及曾經做過讓人「下巴都快掉了」的種種「事蹟」，引起我深入探究的好奇，很多問號都停在我的腦袋裡，很想找機會再次造訪追夢農場，但工作上的例行採訪纏身，新任務接踵而來。

冬天走了，春天跟著過去了，甚至連夏天都接近尾聲，我和蘇老師偶有電子郵件往返，除此之外，我沒有採取任何行動。

直到某個颱風來襲的初秋，放了一天颱風假，人坐家中，閒來無事，憑空亂想，思緒又飄到花蓮鹽寮的追夢農場，「寫一本書」的念頭在我腦中開始醞釀⋯⋯。我發了一則簡訊向蘇老師毛遂自薦，「我認為ＤＩＹ一條船環遊世界是個超棒題材，可以寫書，我們明年共同完成此事如何？⋯⋯」我寫了一長串，蘇老師的回覆簡明扼要，只有四個字——「馬上錄用」。

我很得意，但心裡三不五時又會冒出一個微小的聲音，懷疑自己的能力，害怕做不好。還有，我真的有時間嗎？我在台北，蘇老師在花蓮，相隔兩地，確實也有執行的困難，如果我必須長時間在花蓮，很可能難保我朝九晚五的工作。我不禁哀嘆，活到中年，膽子變得更小，缺少「豁出去幹」的決心和勇氣。

然後，颱風走了，秋天也走了。終於，冬天又要來了。

實現夢想需要勇氣與決心

冬天來臨之前，我獨自到琉球旅行幾天，隨身帶了二本書，其一為《帶著世界去南極》，是八名女子結隊遠征南極的故事，我十分佩服她們的毅力、決心和勇氣。另一本是英國年輕探險家愛德・史塔福特（Ed Stafford）的著作《八百六十天，雅馬遜河徒步大冒險》，史塔福特在二〇一〇年八月，耗時兩年徒步走完亞馬遜河，喚起全球對於「地球的肺」這一片雨林的注意，並因此登上《金氏紀錄》。當時，國際各大媒體幾乎都追蹤了這則新聞，有關他的報導超過九百篇，整個徒步過程並拍攝成紀錄片。

這一類書總是特別吸引我，滿足我從小喜歡往外探看、到處趴趴走的天性，每次看到別人的冒險行動總是心生羨慕，但從來不認為「總有一天會輪到我」。西方人鼓勵勇於嘗試冒險，從古到今，西方出現很多赫赫有名的冒險家。東方則寥寥可數，中國歷史記載到西方取經的唐三藏最為知名，還有明朝下西洋的鄭和，現代人物劉其偉、劉寧生父子檔，國家地理雜誌攝影大師黃效文……。數來數去，中國的探險家還真的不多。

閱讀這兩本書時，書裡的字字句句彷彿都在提醒我，花蓮鹽寮怪客蘇達貞的瘋狂計畫。我主動提議要合作寫書，卻遲遲沒有進一步行動，這樣太沒江湖道義。當下，我從住宿的旅館發了一則簡訊給蘇老師，明確地告訴他，這個寫作計畫還是要繼續執行。

另一方面，我已在盤算離職的念頭。我一直被綁在大型組織裡動彈不得，其實，我自以為有保障的工作已搖搖欲墜，我在最後一個全職工作待了近七年，雖然努力做一名好員工，符合老闆、主管的期望，公司也提供不錯的待遇、福利、保障，但永遠有開不完的會議、寫不完的報告，每月的截稿期，還有令我厭惡的半年一次的績效考評，只要達不到預期表現，主管、老闆可能隨時請人走路。

長期累積的工作壓力，造成我幾乎天天頭痛、頸痛、背痛、腰痛，每天走進那棟漂亮摩登的辦公大樓前，我都得先做好心理建設「妳要愛妳的工作、愛妳的公司」。但我的情緒與健康狀況每下愈況，愈來愈不快樂，我終於領悟一件事：「豁出去幹，不保證會『死』；不豁出去幹，也不保證不會『死』。」所以，到底要死在哪裡？用哪一種死法比較好？

每個人的心裡，都潛藏著不同形式的冒險犯難與出走遠行的渴望，有人用步行，有人用重型機車，有人用自行車，也有人用竹筏船舶。但只有少數人真正付諸行動，「大部分的人過著寧靜絕望的生活，強調聽天由命，事實上，人對於自己的想法，才是決定命運的關鍵，」大文學家與哲學家梭羅（Henry David Thoreau）早在百年前就鐵口直斷。

豐沛的人生只需要少少的物質

梭羅曾在華騰湖畔隱居兩年，寫出傳世之作《湖濱散記》。他指出，「閒暇」才能滋養出人格的內外一致性，但勞動的人沒有這種閒暇，除了做一具「機器」之外，沒有時間做任何別的事情，過份的勞動把人變得笨拙，變成自己的奴隸監工。

梭羅深入剖析，絕大多數人似乎有意去選擇俗常的生活形態，卻又認定別無選擇。有些人不斷地憂慮緊張，自我膨脹所做的工作的重要性，拚命儲存東西以備不時之需，結果反而弄出病來（心理和身體毛病），這也是一種「不治之疾」。

其實，生活方式可以從一個圓心畫出無窮的半徑。別人說你不可做的，你試了，發現可以做，即使有些是未經嘗試過的實驗，但並不代表行不通。

儘管時代在變，人的基本生存法則卻大同小異。「去看看雜貨店裡的流水帳，觀察顧客最常買的東西，幾乎都是最基本的用品，」梭羅一針見血提出，大部分的奢侈品以及所謂生活上的享受，都可以捨棄。

人的生活必需品大致分為四項：食物、遮蔽處、衣服和燃料。根據梭羅在華騰湖畔生活的經驗，身邊只要具備少數幾種工具，一把小刀、一柄斧頭、一把圓鍬、一輛手推車等，若是喜歡讀寫，再加上一盞燈、一些文具、幾本書，差不多就搞定了，而擁有這些東西，只需要一點點錢就可以辦到，「一旦我們得到這幾樣東西，就可以真正得到生活的自由。」

梭羅舉例，從古至今，許多中國、印度、波斯和希臘的古代哲學家，過著單純甚至貧窮的生活，他們的外在財富極少，內在卻豐沛無比，並成為一代聖賢。

我們大多是凡夫俗子，雖無法成為聖賢，但至少可以仿效他們的精神，過得簡單一點、省力一點，把時間精力用來追逐夢想，提升心靈財富。

該把人生還給自己了

我們害怕踏出自己的「舒適圈」。但八名女子從南極探險回來，沒人斷手缺腿，命喪極地。史塔福特從亞馬遜河平安歸來，到現在都活得好好的，住在倫敦，以寫書、演講為業。現年三十八歲的他也替探索頻道（Discovery Channel）拍攝影片，並著手計畫下一次冒險。史塔福特受邀到皇家地理學會演講，並成為該協會的一員，他語重心長地說，「這次探險改變了我，變得更冷靜、滿足、愉悅，學會了駕馭弱點而不至於被拖垮。」

「該把人生還給自己了！」我開始反省，忙忙碌碌那麼久，所為何來？存款簿的數字？反正永遠也存不到目標，我在台北賺的錢連一面牆壁都買不起。爬到更高的位置？從來沒想過，因為會壓死人。考績？做給誰看？我的人生不是為了考績而活，為什麼要那麼在乎別人的評斷！夠了，真的夠了，我的戰場不在那間辦公室裡，而是外面更廣大的世界。

二〇一二年底，我終於脫離了大型組織，向固定上班的生涯說「掰掰」，恢復自由單飛。離職前夕，我把這個消息告訴蘇老師，「到了放手一搏的時候，我們正式啟動吧！」蘇老師起初有點錯愕，好言勸我不要貿然行動，後來又欣然接受。

幾乎是在半推半就的情況下，這個接近半睡眠的寫作計畫，突然醒了過來。蘇老師原本還沒這麼積極，但我這個好管閒事的「程咬金」半途殺出來，拿著筆桿做的鞭子在後面不停地督促，讓他的神經也不由自主地開始緊繃。

蘇老師曾在二〇〇九年率領學生徒手划獨木舟，繞行台灣外海一圈，當時被許多人唱衰、看壞——「很危險」、「會淹死」、「有鯊魚會咬人」……。後來，克服體力透支、肌肉痠痛、翻船、內訌等各種考驗，他們終於完成了這項創舉。事隔五年，蘇老師又出奇招，這次把戰線拉得更遠，要徒手划過太平洋到彼岸的琉球，展開「ＤＩＹ帆遊世界」的首航之旅。可以想見，許多人帶著質疑的眼光——「是不是違法偷渡」、「這麼遠划得到嗎」……，有位女士甚至劈頭就指責說「不該拿人命開玩笑」。

環遊世界是很多人的夢想，但多數人都認為是不可能實現的夢想。事實上，幾乎每天都有人在環遊世界，只要有計畫、恆心、熱情、紀律地去執行，大多能美夢成真。套一句蘇老師最喜歡掛在嘴邊的話，「偉大的冒險家，從不做冒險的事。」蘇老師提出「海洋背包客」的概念，決心親自提供一個範本，用最陽春、省錢的方式，也可以帆遊世界。

很多人都知道國際大導演李安曾經長達六年窩在家裡做飯、帶孩子、寫劇本，也曾拿著劇本毛遂自薦，連續遭到三十家電影公司拒絕，那樣的挫折很容易摧毀一個人的自尊心。幸好，李安有一個瞭解並包容他的妻子，看到他的努力與付出，提醒他不要放棄夢想，繼續堅持下去。若非如此，我們將損失一位才華橫溢的導演。

這也是社會普遍的現象，當有人想去逐（築）夢，我們往往給的噓聲太多，掌聲太少，而且大多是錦上添花，並非雪中送炭。或許，刻意打壓、唱衰別人的夢想，並不是懷疑別人圓夢的能力，而是因為別人提供了一面鏡子，讓自己看到不願看到的怯懦，以及呆坐原地動彈不得。

一旦有一個瘋子起了頭……

這本書從構思、執筆到完成，花了整整兩年。這段時間，花蓮鹽寮成為我的必去之處，隨著春夏秋冬四季變化，我的身分也變得更複雜，從原本單純的採訪記錄者，變成主動積極的策劃參與者。我和蘇老師、蘇帆基金會秘書長王翠菱以及一群年輕熱血的教練志工，用土法煉鋼的方式，在東海岸推動倡導一系列的海洋教育活動，端出了很多「菜式」。

譬如，連續兩年暑假，我們帶著一群五十五歲以上的熟年族，衝進太平洋裡划獨木舟，這群「不老水手」很多從未下水游泳過，但「豁出去幹」的精神絲毫不輸給年輕人，活動辦得轟轟烈烈，得到很大的關注與迴響，不老水手變成蘇帆響亮的招牌與年度常態性活動之一。

我們也從玉山邀請了一百多名「原聲音樂學校」的小朋友到鹽寮基地，為他們舉辦了刺激難忘的海洋親水夏令營。這些來自山地部落的小孩，百分之九十不曾接觸過大海，也不曾到海裡游泳、划獨木舟，太平洋讓他們眼睛發亮，開懷大笑。

蘇老師的ＤＩＹ造船計畫也一步一步往前推移。先是從十分之一到三分之一的模型船，在東華大學的東湖內進行測試。為了執行「ＤＩＹ帆遊世界」計畫，特別組成了一支夢想團隊，十六名成員每天埋首在鹽寮基地的討論室，從發想、構圖、修改、測試……，一遍又一遍，最後終於完成帆船組裝，駛出海面，在太平洋水域裡展開試航，為出發上路做了最周全的準備。

廖鴻基說得很對，一旦走近海洋，發現永遠有新鮮的話題，每天的故事說不完。

有天，我回到台北和昔日的同事相約吃飯，這位同事原本是個性很好的人，但談起辦公室的種種，臉上的表情充滿怨氣和怒氣，看得出來非常不快樂，但是她不想脫離城市，也害怕自己無處可去。

我實在很想跟她說，「到海邊來走走吧，好好待上幾天，妳會發現，天地之間可以容身的地方實在很大。」

人生的確要帶著一些冒險精神，只想平靜過日子的人，對於別人的傳奇故事，永遠只能羨慕。

還記得第一次和資深影像工作者王永年提出整個「DIY帆遊世界」的構想，我隨口丟出一句，「這需要一群瘋子，才可能完成。」永年回答的更妙，「一旦有一個瘋子先開了頭，後面就會有一群瘋子跟著搖旗吶喊。」

我應該就是後面那群瘋子之一，追著前面的瘋子跑，至今都沒有後悔。「要做，就把聲勢做大一點；要玩，就放手好好玩」，我和一群蘇帆的伙伴摩拳擦掌，準備跟著蘇老師一路瘋下去，人生至少能瘋狂走一回，感覺真好！

Chapter 01

這整件事，要從一椿與退休有關的故事說起。

幾年前，《今周刊》評選出台灣最適合退休的十五個幸福小鎮，花蓮縣壽豐鄉與吉安鄉，雙雙以總分「九十五分」並列榜首。這兩個幸福鄉鎮有山、有海，具備渾然天成的景觀與氣候，包括花東縱谷的田園風光以及太平洋壯麗的海景。

若是在二十年前，你向人提起花蓮壽豐鄉是退休的幸福小鎮，恐怕讓許多人嗤之以鼻，認為那裡根本是個鳥不生蛋的偏遠地區。當時，花蓮大橋還沒蓋好，鹽寮村民不論是到市區洽公、購物、買菜，進出的交通都要到對面的吉安鄉坐渡輪。曾經有女老師聽說要被分發到鹽寮國小服務，還紅了眼眶，認為被發配到邊疆地帶。總而言之，避之唯恐不及，哪有幸福可言。

鹽寮一直到一九九〇年以後才逐漸發展起來。那時都市人喜歡在假日往海邊跑，某些人看上鹽寮的特殊地理環境，搬到此地定居。十年河東，十年河西，世事就是那麼奇妙，鹽寮不但變成觀光的熱門景點，甚至躍上幸福小鎮排行榜的寶座。

鹽寮三怪之一

早在《今周刊》公布這份調查之前，就陸續有從外地移入鹽寮的新移民，他們與土生土長的純樸居民有著極大的對比，帶給當地不少文化衝擊。

二十多年前，最知名的外來客是清教徒式的「宗教家」區紀復，他立了個「鹽寮淨土」，鼓吹清貧式的生活形態；還有一位多情善感的「文學家」孟東籬，立了個「鹽寮夢土」，在這裡潛心創作，體驗人生；然後，又來了童心未泯的「教育家」蘇達貞，立了個「鹽寮樂土」，把這裡當成推動海洋教育的大本營；這三位宗教家、文學家、教育家，被當地人暱稱為「鹽寮三大怪」，這些從外地來的英雄好漢，讓鹽寮的氣氛變得浪漫起來。

拖鞋教授蘇達貞出現在鹽寮，大約是十五年前。那時候，他四十五歲，正在大學教書，具有良好的社會地位和形象，正走到一般所謂的「人生頂端」。但即使是踩在雲端裡的大學教授，似乎也無法避免中年轉型的焦慮，開始認真思索人生下半場該何去何從的哲學問題。

就像很多人有「歸隱山林」的退休夢，蘇達貞也想找一塊山明水秀的地方把自己「藏」起來。當時他週末假日的固定行程就是沿著省道二號公路，開車從基隆、宜蘭、蘇澳，一路飆過蘇花公路，最後來到台灣東海岸的花蓮。

他四處尋覓，終於在花蓮鹽寮找到這一塊讓他有「隱世隔絕、孤寂蒼涼」之感的土地。當他看到一大片約膝蓋高度的草地，加上一整排的木麻黃，後面綿延的沙灘，一望無際的太平洋……，當地的海況、天候皆酷似夏威夷，「沒錯，就是這裡了！」他的心裡不免一陣悸動。

既然回不去，就把夏威夷搬到鹽寮來

蘇達貞年輕時曾留學夏威夷七年，受到當地文化的影響很深。夏威夷人傍海而居，四季溫暖潮濕，居民熱中從事海上活動，型塑出特有的海洋文化。蘇達貞回台灣後對夏威夷念念不忘，遺憾自己因為工作必須長期留在台灣。他想，既然回不去夏威夷，那就乾脆想法子「把夏威夷搬到鹽寮」。

這個想法似乎有點瘋狂，但他有更冠冕堂皇的理由——想要退休後過怡然自得的生活，要先預做準備，不能等到退休以後才開始行動。「至少要提早十年，」每次聽到有人口口聲聲嚷著要退休，他總是這樣提出忠告。

他因為四處找地蓋房子的經驗，從中領略仲介公司的銷售秘密：他們總是先留一手，拉著顧客四處看一些不是很理想的「產品」，弄得顧客覺得很疲憊、厭煩了，最後才端出真正想賣的「貨色」。那天房屋仲介帶著他連續看了四個地點，他都不滿意，最後看到這塊大約八百坪的地，他沒多想就立刻下了決定，事後雖然知道買貴了，也只得照單全收。

買下的地一片荒草漫漫，連樹木都很少，需要花很多力氣鋤草、整地後才能蓋房子。為了讓自己有個固定的地方落腳，他花了十萬塊台幣買進了一具二十呎長的貨櫃屋，放在這塊連水電都沒有的荒地，貨櫃屋裡隔出簡單的衛浴間，還有兩扇窗、一扇門，自己又釘了床、桌子，當成臨時的克難住所。每個星期五晚上，他從基隆開車到此，週一早上離開，甚至連寒暑假都來，七、八年幾乎從未間斷。

他這位初來的外地客，人生地不熟，同伴的鄰居有蜜蜂、狗和毒蛇。有一回除草，看到草叢裡有一個破舊的籃球，便狠狠地用腳踢開，沒想到「籃球」居然破裂，倏地竄出一大團黑煙，他定睛一看，「我的老天！」居然是一整群虎頭蜂，直直朝著他衝過來。

他轉頭火速奔回貨櫃屋，把自己關在裡面，但頭頂已經被虎頭蜂螫到十幾處。後來他全身不由自主地發抖，忽冷忽熱，昏昏沈沈地在屋裡躺了整整三天三夜，甚至連走出去呼救的力氣都沒有。「我大概會死在裡面！」他陷入前所未有的無助恐慌。三天後逐漸清醒恢復氣力，才開車出去找醫院急救。

還有一次，他沿著蘇花公路開車到鹽寮，快接近住處附近時，瞥見路邊有一隻被碾死的狗。那晚他睡在貨櫃屋裡，整晚聽見小狗嗚嗚的叫聲。隔天早上，發現三隻連眼睛都還沒睜開的土狗，模樣十分可憐，他決定一隻送人，兩隻自己飼養。因為第一次養狗，不知道要幫狗打預防針，一年半後狗兒感染病毒相繼而亡，這次讓他學到寶貴的養狗經驗。等到房子蓋好了，蓋房子的木工師傅送來一隻一個月大的台灣土狗 KULO，這隻狗和蘇達貞在鹽寮相依為命到今天。

一向沉寂的鹽寮，出現了一名滯留不歸的外來客，免不了引起鄰里村民的好奇。每逢週末就看到這個穿著夾腳拖鞋的中年男子，住在一棟臨時貨櫃屋裡，似乎沒幹什麼正事，但看起來又很忙碌，搬石頭、整地、除草、種樹⋯⋯。打探之下，才知道這名中年怪客是位大學教授，姓蘇，打算退休後移居於此。久而久之，「拖鞋教授」的名聲在這個海邊小村落不逕而走。

漫遊慢活的海角一樂園

花蓮人都這麼說，「花蓮的土地會黏人，一旦來了就不想走。」顯然，蘇達貞也被黏住了。他總是興致勃勃地跟別人這樣介紹，「歡迎來花蓮鹽寮，這裡是漫遊慢活的海角一樂園。」

話題說到這裡，自然要深入追蹤一下鹽寮的地理歷史。

台灣東部自花蓮至台東有一條狹長的花東縱谷，每當春暖花開之際，中央山脈的雨水奔騰而下，分別流入瑞穗溪、光復溪、壽豐溪等，匯入花東縱谷。受到海岸山脈的阻隔，這些溪水找不到出海口，轉而沿著花東縱谷北上，匯成了花蓮溪，也肥沃了花蓮這塊土地，花蓮溪再會合從中央山脈南下的木瓜溪，在鹽寮村找到出海口，一舉宣洩出海。

夾帶著大量中央山脈砂石的乳白色花蓮溪水，由西向東流入太平洋，遇上由南往北的黑潮，造成台灣海域非常特殊的環境，白色溪水逐漸在黑色潮水中旋轉，像極了世界上最大杯的「咖啡加牛奶」，這幅景象全世界絕無僅有，先民稱此景象為

「洄瀾」（閩南語），成了今日的地名「花蓮」。

蘊藏豐富的海洋生物通常只聚集在三個地方：河川出海口的海域、潮水流經的海域、海洋深層水湧生的海域。洄瀾海域得天獨厚，同時擁有溪水、潮水與海洋深層水，三者在此交會，大量的海洋生物在此棲息、洄游、聚集與繁殖。花蓮人常驕傲地說，「這世界上的海域沒有一處像洄瀾海域，同時擁有肥沃海洋的三條件。」

驅車出花蓮市區約十分鐘，由海岸路經花蓮大橋，跨過花蓮溪出海口，隨即進入東海岸國家風景區的起點，也就是省道十一號公路，左手邊是一望無際的太平洋，右手邊是垂直聳立的東海岸山脈，壽豐鄉鹽寮村位在太平洋的左岸，也就是先民所指的洄瀾海域。

鹽寮村北邊被花蓮溪阻隔，西邊被垂直的東海岸山壁阻擋，南邊被一連串的斷崖擋住去路，東邊是一望無際的太平洋，南北兩端全長約十八公里，東西向平地的寬度平均不到五十公尺，成了全世界最狹長的村莊。

鹽寮村原有人口約五百多人，大多為阿美族，以捕魚為業居多，也有福佬、客家、老榮民的第二代或第三代家族，生活簡樸。當地最大的特產是漁民的現捕龍蝦，每日新鮮供貨。每逢假日，許多大型遊覽車載著遊客，來此大啖海鮮美味。

在鹽寮捕魚的先民不擅長到海面上追逐飛魚，卻精於潛入水底抓龍蝦；在此務農的先民不插秧種稻，卻是放火燒山，改種香茅草。在這與世隔絕的山腳海岸，沒有商旅，沒有買賣，連日常生活必需的鹽巴，都靠自己在海邊撿拾漂流木來煮沸海水，取用海水蒸發後留下的結晶鹽，至今海邊還留有當初烹煮鹽巴的遺跡，「鹽寮」的地名因此而來。

蘇達貞常望著另一端的太平洋思索，「不曉得為何先民要來此定居？」答案也許跟他一樣，看上這裡的好山好水，想尋找一塊夢中的樂土。

成為鄰居的相同理由——海景第一排

鹽寮有一位村長龔志冠，年齡五十出頭，已當了十年村長，他說起關於這座村莊的點點滴滴。

早期省道台十一線——也就是現在鹽寮連接花蓮大橋的主要幹道——尚未拓寬，當時鹽寮的居民還有七、八百人，拓寬之後陸續有人搬走，很多村民在花蓮市區買屋落腳。龔志冠有時外出巡視，繞了一大圈回來，連半個村民都看不到。鹽寮原本有間小學，有六個班、一百多位學生，後來被併到吉安鄉的光華國小，「連我畢業的鹽寮國小都不見了！」說起這些事，龔村長語氣充滿無奈。

鹽寮村目前只剩兩百五十戶人家，「台北隨便一個大型社區的人口都比我們多，人少、又沒經費，要做什麼事都得向上面要錢，鄉公所、縣政府、中央政府，一層一層往上報，」龔村長搖搖頭，苦笑說道。

鹽寮遇到的，是大多數偏遠地區共同面臨的問題，人口老化，沒有什麼生產力，無法活絡在地經濟。幸好，鹽寮有一項最大的天然資產——太平洋。後來，遠雄海洋公園來了，帶動了鹽寮的觀光產業，人氣旺了起來，如今這條海岸線到處都是民宿，「不然早就搬光啦！」龔村長露出缺了一顆牙的笑容。

龔志冠留意到，本地人對城市的外來移民多少有些防備心，覺得他們高傲、冷漠，但其實都是因為不瞭解而產生的誤解。

龔志冠剛認識拖鞋教授的時候，他已買好地，幾乎整天都在工作，鋤草、搬石頭。龔村長察覺這位拖鞋教授完全沒有身段，每次看到他都很熱情地寒暄接待，而且很會講笑話。

龔志冠想為地方做些事，便結合一批花蓮東華大學做環境工程的研究生，聯手推動社區發展，他邀請拖鞋教授加入，也結合幾個在地民宿的負責人，包括「越牆工園」的老王（王夫天）、「近月旭海」的邱校長（邱明昌）等人，一起成立了「飛魚工作坊」。

老王開的民宿就在拖鞋教授的左手邊，他是個藝術家，平日話不多，態度冷冷的，他的越牆工園門口掛著一塊牌子，寫著「謝絕參觀，管你是誰」，充分顯現他的個性。夏日傍晚，拖鞋教授常看到老王手裡拿著海尼根啤酒，在他的園子裡晃來晃去。老王喜歡跑

拖鞋教授（左）與邱校長（右）等人，成立了「飛魚工作坊」，想一起為地方做點事。

馬拉松，拖鞋教授曾聽他提起，民宿取名「越牆」，意思是指「超越撞牆期」。

追夢農場右手邊則是民宿「近月旭海」，負責人是從花蓮玉里松浦國小退休的邱明昌校長。一九八一年，邱校長還在玉里教書，第一次到鹽寮出公差，當時花蓮大橋雖然通車了，但沿途都是碎石子路，車程顛簸不已，「這是什麼鬼地方啊？」他心裡納悶。

邱校長退休後，本來打算找一個地方當農夫栽花植草，首選是花蓮鯉魚潭，但找不到可以看到湖面景觀的視野。仲介跟他說鹽寮有一塊地，千挑百選沒想到竟然跑到這個「鬼地方」買了一塊地，和拖鞋教授結為鄰居。邱校長買下鹽寮這塊地的理由和拖鞋教授一樣，也是被這一片廣闊的太平洋海景吸引，「我第一眼見到這幅景象，只有一個字——『哇』！」

邱校長剛到鹽寮，看到拖鞋教授一個人住在貨櫃屋裡，旁邊還有燒開水的爐具、吃飯的桌子、休憩的海灘椅，甚至還挖了一個水池「要做三溫暖」、「養魚」……，覺得這個人實在很有趣。邱校長替花木澆水，拖鞋教授也在澆水，兩人點頭打招呼，繼而攀談起來，才知道彼此的背景，「我們不是對人生失意才避居他鄉，純粹是嚮往親近大自然，才會到鹽寮。」

王翠菱就是當時在鹽寮協助龔村長推動社區營造的東華大學研究生之一。從屏東來的翠菱，畢業後在花蓮買了房子，繼續留在鹽寮也有十年。翠菱在一個學術研討會上認識拖鞋教授，當天她上台做完專題報告，拖鞋教授在台下用大拇指對她比了一個「讚」。後來，鹽寮居民因為反對地方政府用粗暴的方式拆除違建，群集到東海岸管理處、花蓮縣政府門口去抗議，翠菱、拖鞋教授等人因此變成共同為地方打拚的戰友，建立了革命情感。

夏日藍天碧海，冬夜蕭瑟寂寥

王翠菱對拖鞋教授印象最深刻的是，每次看到他幾乎都是在鋤草，而且用的方法很不專業，這連隔壁的老王都看不下去，特地親自跑來指導。那時，拖鞋教授還住在那棟冬冷夏熱的貨櫃屋裡，「夏天熱到蠟燭都能融化，」翠菱形容。

夏天的鹽寮，藍天碧海；冬天的鹽寮，卻是另一番風貌。

翠菱眼中，冬天的鹽寮總是有一種蕭瑟的寂寥，神秘而蒼涼，若加上淒風苦雨，那真是悲劇電影再適合不過的場景，「冬天把自己『關』在這裡，如果不跟人群接觸，恐怕很容易得憂鬱症。」

山林、海濱各人各取所好，都很適合處於其間反省人生。大文豪梭羅（Henry David Thoreau）曾獨自移居到他的啟蒙師艾默生位在華騰湖畔的土地，在森林裡親身從事生活實驗，房子是他自己造的，生活只靠他的雙手維持。梭羅特別重視精神生活、貶抑物欲橫流、鼓吹回歸自然，迴異流俗的主張，深具個人理想主義色彩，他不僅是文學家，也是思想家與自然學家。

梭羅在華騰湖畔獨居的兩年兩個月，和鄰居的距離起碼都在一哩以上，他以少量的時間從事維持生活必要的活動，大部分時間則用來觀察自然、閱讀、寫作，希望能從容不迫地生活。梭羅雖離群索居，但並非與世隔絕，他經常走進人群，與鄰居鄉人互動往來，就這樣在兩處之間穿梭移動。梭羅有一句廣為世人傳誦的話，「我是在離開人群之後，才開始喜歡人群的。」這段日子也是他最多產的時期，寫下膾炙人口的《湖濱散記》。

一到冬天，鹽寮的東北季風吹得很猛，一棵樹種下去，有半邊是乾枯的，高貴的植物在這裡根本活不下去。拖鞋教授種了上百株桂花，邱校長也種了五十株，還刻意種在避風的牆角，結果全軍覆沒，一棵都沒留下。一位在地開餐廳的陳老闆跟他們說，「這種又急又冷的『九降風』吹落去，你種不起來的啦，會死光光！」

後來，他們改種在地的原生植物，大葉欖仁、小葉欖仁，「我現在長得最好的是水黃皮，存活率達到百分之八十，另一種是厚葉石斑木，一到三、四月，開滿整樹的白花，」邱校長與高采烈地細數他的成果，滿園的扶桑花、矮仙丹、金露花、春不老……，處處可見這些年的心血與汗水。

夢想展開，生活不設限

翠菱很佩服拖鞋教授與邱校長的實驗精神。有一回花蓮縣和姊妹市夏威夷合辦了一次海洋論壇，拖鞋教授注意到「海洋深層水」的議題。隔了不久，他真的去成立了一家專門生產海洋深層水的公司，不久後就經營不善打烊收攤，賠了不少老本，現在只剩下一堆裝水的桶子。

隔了一陣子，翠菱聽拖鞋教授說正在做「白老鼠實驗」。他把白老鼠分成三組，分別餵給牠們茶、咖啡、白開水，實驗的目的是想要證實喝茶的老鼠較腦力較好，而喝咖啡的老鼠體力較好。但後來因喝咖啡的白老鼠變得有暴力傾向，不但會自相殘殺，還會攻擊其他族群的老鼠，最後倖存的老鼠只有二、三隻，使得這個實驗不了了之。

又隔了一陣子，拖鞋教授迷上到海邊撿拾漂流木做木工，於是召集了若干人馬，由木工師傅邱豐章帶著大家埋頭苦幹，連對面派出所的所長、警員也加入陣容，彼此按年齡順序以師兄、師妹互稱。翠菱稱拖鞋教授為「大師兄」，就是因為這段淵源。

拖鞋教授來了，鹽寮村變得比較活絡，有了生氣。「宗教家」區紀復，近年已回澳門定居；「文學家」孟東籬，不幸於二〇〇九年因肺腺癌過世；如今，「鹽寮三大怪」只剩下「教育家」蘇達貞獨撐大局。

二〇〇九年，拖鞋教授帶著一批海洋大學的學生徒手獨木舟環台，船隊到了花蓮，襲村長帶了地方記者專程跑到樹腳漁港列隊歡迎，當天現場大約有一百多人。

二〇一二年暑假，又辦了一次「花東船騎」（獨木舟＋腳踏車），並在鹽寮海邊不遠處辦了演唱會，掀起一陣熱潮。龔村長說，鹽寮從未辦過這樣的活動，「這個村莊過去實在太沈悶了！」

拖鞋教授也總是在人群裡進進出出，他的個性不孤僻也不古怪，甚至相當好客，所到之處總是受人歡迎。他在大學裡教了二十幾年的書，桃李滿門，在學術領域也有相當的口碑與成績。但人生走到一個階段，想換一個舞台，演不同的戲碼。這是需要時間沈澱的嚴肅課題。

如果你也在尋找幸福樂土……

拖鞋教授決定在鹽寮展開慢活人生，他甚至列出一張清單，列出每天必做的事。

- 荷花池畔上啜飲咖啡，眺望太平洋一百八十度的弧線，驗證地球無限延伸的盡頭還是一個圓。
- 漫步於岸邊的礫石灘，遠眺洄瀾，近拾貝殼，隨潮水蜿蜒而溯上。
- 探勘先民所建設鹽船搶灘靠岸的凸堤與棧道遺址，發思古之幽情。
- 偷窺現代清教徒所搭建的鹽寮淨土，臨摹無水無電的現代隱士生活。
- 造訪文學家筆下驚為天人的絕世美女，依然與海為伴的海角一樂園。
- 進入河南寺與師父話家常，晨鐘暮鼓，醒世悟道。

拖鞋教授開著他那輛老舊的車子，每天穿梭在鹽寮與花蓮市區，有時一天來回二、三趟。往往在駛過銜接兩端的花蓮大橋後，他總會半認真、半開玩笑地丟出一句，「又離開了那座罪惡之城（花蓮市）。」

二〇〇六年二月十四日，西洋情人節，拖鞋教授的「追夢農場」終於在鹽寮落成，特別舉辦了入厝的party，邀請遠親近鄰、四方好友舉杯同歡，拖鞋教授從此正式入籍成為鹽寮的村民。就在新居落成的那一天，蘇達貞寫下一段入厝誌——

小學作文裡「我的志願」寫的是什麼已經不記得了。大學時代想不透為什麼教科書裡所謂「理想」的定義，居然是「實際」的反義詞，也終於在工作了二十年後逐漸體認出，原來所謂理想只是一種意境，是現實時空裡永遠不會實現的事物。

開始厭煩人生僅存的未來，日復一日過著「如果有一天」的夢想，試著讓今天就成為「如果有一天」的那一天，於是乎驅車越過蘇花公路來到花蓮。

「追夢農場」是一個夢想，是一個不應該在現實時空當中被實現出來，卻被無俚頭似的實現出來的夢想。

夢想成真，卻覺察不到它原先所想像中的喜悅，完全沒有中了樂透彩的瘋狂，卻充滿了對「白雪公主與白馬王子從此過著幸福快樂日子」的懷疑與矛盾。

人生第一次感覺到害怕，一種因追夢不再而產生莫名之不安與惶恐，好像是一棵大樹突然被斷了根，即將被大雨沖刷，隨土石流下溪谷，漂向大海。

「勇敢去追夢」的故事開端和「白雪公主與白馬王子從此過著幸福快樂日子」的故事結局，同樣都是騙小孩的童話情節，充滿了對現實生活之錯誤與矛盾。追夢之開始並不是勇敢，幸福快樂之日子的結局也不可能存在，空虛、苦悶、無奈再加上突發性之愚蠢，才是追夢之開端。而追夢的終點，所謂從此過著幸福快樂日子，在現實生活裡就變成了一棵斷了根之大樹。

隨著土石而落下之情景，不見得哀傷，放下沉重之負擔，一邊欣賞，一邊祝福，一邊告別。兩岸逐漸冒出頭的小草小樹，並試著用最快之速度，告訴他們他的故事，然後迎向日出日落之間的無邊大海。

蘇達貞 2006.02.14

關於退休的故事發展到這裡，似乎劃下一個不錯的句點。一個奮力追夢的人，經過努力不懈，終於夢想到手。如果你也在尋找一個幸福的樂土，歡迎來鹽寮，除了帶著一把鋤頭，記得帶著你的拖鞋。

追夢農場的故事

Chapter 02

「在花蓮鹽寮，躺在床上，就能看到日出，」拖鞋教授總是神情驕傲地向別人介紹他的追夢農場，「不像你們去阿里山，還要半夜摸黑起床，坐小火車搖搖晃晃到山頂，大費周章才能看到日出，」他帶點揶揄的口吻補了一句。

拖鞋教授的揶揄其來有自，實地到追夢農場考察，果真如他形容，躺在床上，就可以看到從太平洋海平面露出的曙光。

花蓮雖然地處偏遠，老天爺卻賜給當地居民好山好水的福份，沒有污染、噪音、塞車，每天享受著大自然的美景。

這座蓋在鹽寮海邊的追夢農場，主建築物是一棟外表樸實的檜木居，使用原木建造，冬暖夏涼，日照充足，合乎節能減碳的設計原理。若是在夜裡將裡裡外外的燈光全部打開，遠看宛如一座濱海宮殿，散發綺旎浪漫的氣氛，成為鹽寮最醒目的地景之一。

慢活人生的下半場

檜木居的旁邊後來加蓋了一棟青綠藍別墅（青山、綠水、藍天之意），拖鞋教授詩性大發，在屋頂上以油漆塗寫詞句，描繪追夢農場的景致與他的生活態度：

日出太平洋，海風吹歸帆，葵花舞蜂蝶，蝦蟹戲水塘，神仙有情地，人間築家園；

牧場連海岸，牛羊走砂灘，瓜果攀棚架，雞鴨覓蚓蟲，蒼鷹旋山頂，老狗追懶貓；山風伴日落，倦鳥又南飛，情歌似美酒，螢火如佳餚，星月臨浪濤，睡夢在露台。

脫鞋教授正式移居鹽寮之後，本想安安靜靜地過日子，每天躺在床上、望著大海，做他的退休大夢。離開海洋大學之前，他還慎重其事地寫了一封公開信給學生表明個人心志，自比猶如《笑傲江湖》中的華山弟子令狐沖退隱牛背山，從此不問江湖世事——

給我最摯愛的學生：

似乎耳際還沉醉於「歡迎歸國」的青年才俊衣錦還鄉境界裡，突然驚醒自己已成了「人人喊打的老賊」。

幾乎每年都會寫這麼一封信給我的學生，來細數我的財富，今年必須要寫出「完結篇」。

自一九八五年五月起的二十四個寒暑，因為你們，所以最後的自我評價是：「感謝大家的互相捧場，知識販賣者捫心自問，實在是付出的太少，獲得的太多。」再一次，和退出江湖（華山弟子令狐沖退隱牛背山，東方不敗追殺而來……滔滔兩岸潮……人生多寂寥……）在花蓮閒雲野鶴日子的每一次，讓我這個「7-Eleven」的售貨員說：「感謝你！」感謝你在我說了無數年「你們是我的財富」之後，今年起得以改口，「你們是我生命的一部分」。

追夢不再，但還是穿著拖鞋的教授，少了聽眾，嘗試著去感動大海，繼續講故事，「舊皮鞋……九隻螃蟹……最偉大的冒險家……猶太人的父親……男人的祖先是外星人……女人的祖先是猴子……做媒的缺德……做保的敗家……借錢的沒朋友……」，一直到有一天，終於鼓起勇氣，駕起風帆，朝太平洋升起之太陽而去。

就像童話故事雖精采，但其真實性只能存在於小孩子的心靈裡一樣，凡所有叫過我一聲老師，聽過我說故事者，當故事之啟發性尚未消失之前（因你的成長伴隨著紅塵俗流，而漸消失之前），請繼續說給你週遭的後學者，因故事之精采不在於它的真實性，而是說故事者相信它的存在，而誠心想感動你進入他的境界，因此在我即將進入因二十四年來毫無做到傳道、授業、解惑而感到惶恐的日子之前，讓我再說一次，權威與專家之區別：「具有自信、獨特而能深入淺出之特質的專家，謂之權威」，而能「從物性與理性轉入知性與感性來琢磨的這些特質者，即成為一代宗師」。

感謝並永遠惦記著持續寫了二十年教師節卡片的你，已經三十好幾尚未成家的你，在大陸打拚事業的你，信守承諾的你，傳承一代接一代潛水隊的你，最後一年堅持在我左右的你，自以為是我接班人的你，一直和我保持君子之交淡如水的你，有事沒事就想打擾我的你……。

風起雲湧浪先到，風淡雲輕湧不止，
湧向岸際起迴瀾，吐盡白花給陸地。

蘇達貞退休封筆

追夢農場訪客絡繹不絕

寫完了這封信，脫鞋教授從此告別教職，在追夢農場展開慢活的下半場人生。不過日子並不如他預期那樣，「每天聽濤觀浪、閒閒無事」。前仆後湧的訪客絡繹不絕，與其說他不甘寂寞，不如說他天性好客，實在不忍獨享這等美景。每逢訪客上門，他總不厭其煩地把追夢農場裡裡外外介紹一遍，「這棟建築冬暖夏涼，每個房間都採光充足，各自有它的功能，以後這裡就是一座小型的海洋博物館……。」

在檜木居一樓的西廂房，牆上掛滿了字畫，拖鞋教授的父親蘇大川是書法家，聽說退休前常寫毛筆字給前總統蔣中正。拖鞋教授指著他父親的小楷作品，露出崇拜的表情說道，「我爸是處女座，個性非常龜毛，大多數書法家都是寫大楷，唯獨我父親專寫小楷，因為小楷的難度更高，每個字體都要維持同樣大小，一幅小楷往往要寫三個月。」

在檜木居前的一條木製長椅上，摘錄著他父親最喜歡的一段話：「十年學問十年淺，一日人情一日深，十方而來十方去，一生成就萬人緣。」

追夢農場人來人去，幾乎人人都對農場裡的建築陳設和美景讚不絕口。光是東露台上那兩支鞦韆，就不知吸引多少訪客或踩、或坐在上面晃來盪去。至今嘗試將兩支鞦韆「盪到太平洋上」，並拍下驚奇與喜悅畫面的，少說千人。

東露台主樑下垂吊著一艘獨木舟，舟身上寫著「二〇〇九年環島紀念」，西邊的柱子掛了一橫匾，寫著「蘇帆海洋學堂」。這幾年來此體驗過海泳、浮潛、水肺潛水、衝浪、划浪、獨木舟、風帆等海洋活動者不計其數，東露台的美譽不逕而走。

美不勝收東露台

這個無心插柳的東露台，原本是拖鞋教授招待客人品茶飲酒啜咖啡的場所。看起來像是涼亭，但刻意採高腳屋的設計，涼亭的地面排列鋪設成木地板，木地板底下依山勢而成半懸空狀態，木地板中間巍然冒出兩顆大葉欖仁樹和一棵椰子樹，使得這座高腳屋的涼亭有類似樹屋的感覺。不同的是，一般樹屋是先有樹再搭木屋，東露台卻是先預留樹木的空間，等著樹木長大來穿透地板、穿出屋簷。

東露台最值得稱讚的奧妙之處，不在於它的建築，而是四周的景致，正面可以看到一百八十度的太平洋，高度正好平視海天連線成一半圓形的弧線，距離不遠不近，足以傾聽波濤浪打沙灘的聲音，隱隱嗅出空氣中夾帶浪花所濺起的水珠，這些都只是天然的巧合，而非人為的精心設計。

東露台之美，後來被一家電影公司相中，獨具一幟的風采將被收錄在電影畫面裡。令拖鞋教授感到自豪的是，東露台選用與週遭環境協調的木頭色與黑色，而非如同整條鹽寮海岸線的大多數民宿，刻意採用對比突出的顏色。因此，除非親自走進東露台，否則幾乎不會注意到東露台的存在。

與阿德合釀追夢葡萄酒

這一天是星期一的早上，還不到六點半，在海浪重重的拍打聲中起床，「唉，可惜，今天看不到日出，」拖鞋教授忍不住嘆了一口氣，因為前一晚鹽寮下了一整夜的雨，海象不佳，遠處的海面上堆滿了厚厚的雲層。

週末的訪客都已離去，追夢農場回復往常的安靜，阿德還沒有從基隆回來。依照往例，阿德通常是在星期一上午十點半準時現身。

阿德的全名叫做「林宗德」，但大家平常叫慣了「阿德」，很少人注意到他的本名。他是拖鞋教授唯一從海洋大學帶過來的助手。阿德台北工專機械科畢業，具有一身絕活手藝。由於海邊的物品容易生鏽，需要定期維護，農場裡大大小小的木工活以及器具整修，幾乎都是出自阿德的那雙巧手。

每年七月是追夢農場葡萄成熟的季節，拖鞋教授和阿德會把剛採收的葡萄釀成「追夢葡萄酒」，隔年再到處送人。拖鞋教授聲稱，在鹽寮海岸成功種植出葡萄的只有他一人，而且是完全採取自然農法，天然、有機、無毒，不噴灑農業，也完全不施肥，但也不是完全放任式，而是拖鞋教授用心良苦的結果。

用海洋深層水灌溉的葡萄

海邊空氣中鹽分太高，一般葡萄無法適應，拖鞋教授採用獨門自創的「海洋深層水培育法」，將農場自然湧出的地表水，加入五％、十％、十五％等不同比例的海洋深層水來灌溉，並將冷藏的海洋深層水導入葡萄根部，讓葡萄誤以為冬天來臨而加速吸收養分。如此反覆實驗，終於成功復育滿園的葡萄，每年的收成可釀製約五百公斤的追夢葡萄酒。

海洋深層水具有潔淨、無菌、高營養鹽的特性，可以儲藏一、兩年，水質都不會變臭、變髒。拖鞋教授是海洋深層水學術領域的權威，他曾自豪的誇口，全台灣只有他擁有如假包換台灣海域的潔淨海洋深層水。他的海洋深層水是自己雇用漁船開到外海，再從幾千公尺深的海域放下管路至水深四百公尺處，直接抽取上來，完全避開海洋表層水與海底水的污染，再一桶一桶地運回追夢農場。

其他民間公司販賣的「海洋深層水」，充其量只能稱是「海底水」，他們是延著岸邊鋪設管路延伸到海底四百公尺深，管路全長約二千公尺，然後從深度四百公尺的海底抽水裝箱，這些海底水第二天就會滋生細菌而發出腐壞的味道。

每一年追夢農場都動員十幾名志工，幫忙採收海洋深層水葡萄。有一年，志工們都去忙其他活動，只剩阿德一個人孤軍奮戰採收葡萄釀酒。五百公斤的葡萄酒不是簡單的活，但阿德不但有辦法搞定，而且臉上總是笑瞇瞇的，毫無不耐煩之色。

更令人瞠目的是，只要阿德在農場，他不分晴雨颳風寒流，早上一定在海裡泡一小時，上岸時左右手必定抱著兩顆大石頭，因為每天海泳，腹部已練出結實的六塊肌。隔壁「近月旭海」民宿主人邱校長就很佩服阿德，常誇獎他是「現代陶侃」——中國歷史上那個每天搬磚頭鍛鍊身體的人。

阿德定居鹽寮的因緣

阿德的身材精瘦，下巴留了一小撮山羊鬍，每天戴著一頂寬邊的遮陽帽，穿著一襲白色的工作服在園子裡走來走去。他常自嘲，「半夜有人看到我，一定以為我是『阿飄』，見到鬼了。」

據說，有一回阿德和老婆及一群友人出國旅遊，到了目的地，隨行的同伴都已順利入境，唯獨他被擋在海關仔細盤查，身上的衣物幾乎被移民官扒得精光。原來，他的外表被懷疑是中東的恐怖份子，硬要對他徹底搜身。這件事在朋友間成為茶餘飯後的笑談。

根據阿德的說法，他的老家在嘉義，國中畢業以後本來沒打算升學，十六歲隻身北上在基隆「打混」，他去參加北訓中心的職業訓練，結訓後參加全國性的技職車床組競賽，拿到冠軍。中國造船公司提供阿德免費就學的機會，保送進入台北工專，不但享有全額學費補助，還有薪水可拿。畢業後，阿德繼續待在船公司服務了十五年，擔任修船部的工程師。

阿德在基隆的住處就在海洋大學旁邊，只要翻個牆就進校園了。那時候，他常常看到一位腳上穿著一雙有洞涼鞋、騎著古董腳踏車的老師，在海大校園進進出出，向人打聽才知道這位老師姓蘇，但好像沒人把他當教授，都以為他是學生。「很帥！」阿德形容。

海大有一個動力小艇教學中心，阿德固定在那裡教人開船，也負責維修船隻。海邊就像他的自家後院，每天照三餐晨泳、午泳、晚泳，甚至在半夜一、兩點再來一次夜泳。拖鞋教授每次帶學生來上課，老是看到阿德泡在水裡，彼此偶爾閒聊幾句，才漸漸熟識起來。

有一天，學校的船訓中心要做救難艇評鑑，拖鞋教授是評鑑委員之一。當天由阿德負責開船受評，他先用車子把那艘救難艇拖下水，因為對那艘船不熟悉，阿德覺得自己的動作很笨拙，光是啟動就很不順，平常只需要三十秒，那天卻弄了十幾分鐘才搞定。他急得滿身大汗、頭皮一陣發麻，心想，「這下完蛋了！」

誰知，這時候卻聽到岸上有人大聲鼓掌，此人正是拖鞋教授。由於拖鞋教授是台灣學界的海上救難權威，只要他認可，其他評鑑委員不敢說「NO」，阿德就這樣過關了。

大概是看到阿德整天在海邊晃來晃去，日子過得很悠閒，有天，拖鞋教授送了阿德一件潛水衣，表示要教他潛水。隔了不久，拖鞋教授開門見山跟阿德說，「我的助教要畢業了，你有沒有興趣來幫我忙？」

從此，阿德一路跟著拖鞋教授，沒再換過老闆，包括拖鞋教授退休移居花蓮，阿德居然也被這塊土地「黏」住了。「我第一次到鹽寮，那時候房子（檜木居）還在施工，我完全沒有料到，以後我要在這裡工作、生活，」阿德回憶。

為了趕工及監工，拖鞋教授、阿德以及一名海大學生周承志，幾乎每逢週末就從基隆衝到花蓮，每次至少待個二、三天。有一年「龍王颱風」剛過境不久，拖鞋教授借了一輛卡車，三個大男人一路沿著海岸線開到花蓮，目睹颱風肆虐後的慘狀。回程時蘇花公路坍塌不通，只好循

施工中的追夢農場。

原路折返鹽寮，晚上睡在施工一半、四周沒有門窗的檜木居，一人裹著一個睡袋，就這樣混了一個晚上。未料，附近的鹽寮派出所人員，看到農場裡有人影及手電筒晃動，懷疑有宵小侵入，甚至驚動所長跑來察看究竟。

檜木居終於蓋好了，阿德跟著拖鞋教授在這裡長住了下來，只有週末和國定假日才回基隆與老婆團聚。

雞飛狗跳好朋友

農場裡飼養了好幾隻土狗，清一色都是黑的。這些狗群當中，KULO最出色、最乖巧，也最受寵愛。KULO是隻六歲大的母狗，很會看人臉色，十分懂得討好。「聽說這是受虐狗的典型，」阿德透露一段關於KULO的身世。幾年以前，KULO剛生完小狗，瘦得像皮包骨，原來是得了「過度哺乳症」，因為拚命餵奶，自己缺乏補充營養，結果差點送命。原來，母狗生產也需要「坐月子」。後來拖鞋教授每天餵牠吃一隻雞腿才保住小命，但也從此養成牠挑食的壞習慣，只吃人的食物，不吃狗飼料。

KULO每天跟著阿德去海邊游泳，堪稱是「台灣第一隻救生犬」。有一次遇到兩個小孩溺水，阿德衝上去從海

裡拎起一個，KULO也啣了一個，但這樣無法求救也帶不上岸，於是阿德把兩個小孩都交給KULO，自己連忙跑上岸求救。

等待阿德求救的期間，兩個小孩因為害怕，緊抱住狗不放，KULO一隻狗要對抗海浪又被兩個小孩勒住，就算水性再好也陷入恐慌。後來小孩獲救，KULO卻出現「創傷後壓力症候群」，開始對海有所抗拒。

每次講完KULO的故事，來訪的客人總是忍不住發出讚嘆，「哇，好厲害的狗！」

農場裡還養過雞、山豬、兔子、鵝、鳥、天竺鼠、金魚、鯉魚……，光是照顧這些動物，就忙得半死。最誇張的是一百多隻放山雞，雞屎弄得農場臭氣燻天，有一天拖鞋教授實在受不了，一口氣把所有的雞都宰了，分送給左右鄰舍當下酒菜。

每天傍晚，別人是守在電視前面看連續劇，他們則是帶著八隻狗出門，包括KULO和她生的七個小孩：東方不敗、張飛、柴可夫斯基、小李飛刀、素還真、聶小倩、美空雲雀，由阿德開著卡車載到七星潭遛狗，「人家是七爺八爺出巡，我們是八隻土狗逛大街，」阿德自覺那幅畫面有點好笑。

農場裡的作息模式幾乎都是固定的。每天五點起床，九點關燈就寢。晚上固定放狗，讓牠們擔任夜間巡狩，這八隻狗簡直就像脫韁野馬，在農場裡狂奔亂竄、打鬥互咬，甚至溜到隔壁去偷咬雞，惹得鄰居光火，上門抗議。

後來對這八隻狗就採輪班制，每隔兩小時輪流放風值勤，以免狗黨群聚，集體作亂。奇怪的是，隔壁的雞之後就再也沒遭殃過。KULO則是其中唯一享有特權、不受限制的狗，可以二十四小時自由行動，他們體恤牠有功在身，任由牠到處走動，負責敦親睦鄰，全力拚外交。

農場裡不請自來的壞朋友

農場裡要幹的活真不少，而且什麼稀奇古怪的事都碰過。譬如，有很多不請自來的「滯留客」——各種蛇類，平均一年至少抓五、六十條蛇，其中眼鏡蛇佔了一半，其餘則是雨傘節、青竹絲、鎖鍊蛇（百步蛇）、南蛇（臭清母）等，「抓過最大的臭清母約三公尺長，比我的上手臂還長，」拖鞋教授臉不紅、氣不喘地敘述，抓蛇如同家常便飯，一點也不足為奇。

阿德有一項徒手抓蛇的本領，拖鞋教授親眼看過阿德用手抓了一條一公尺長的眼鏡蛇。那條蛇在阿德的房門口滑動遊蕩，猜想大概是餓昏了。因為蛇都是中午出來覓食或是晚上出來抓青蛙，但走的都是固定路線。

阿德拿出以前抓蜥蜴的看家本領，先用一根樹枝壓住蛇的頭部，再把樹枝順著蛇身往下滑到約頭部以下七吋的位置，然後用拇指和食指一手拎起來，再把這個「不速之客」放進一個半透明的大罐子裡。因為眼鏡蛇是保育類動物，不能宰殺，但放蛇歸山又擔心牠跑出來嚇人，只得暫時收留牠一陣子，每隔幾天抓幾隻青蛙來祭牠的五藏廟。只要有人靠近，牠就張起一張血盆大口嚇人，「我其實緊張得半死，全身發抖，」阿德事後透露。

農場裡曾經養過的一窩兔子，更是受盡欺凌。

先是農場裡的東方不敗去叼兔子，幾乎被拖鞋教授打得半死。

然後，那窩兔子久久生不出小兔子，拖鞋教授忍不住跑去問賣兔子的老闆。

對方回說，「你養的可能是一窩公兔子。」

「可是，我明明就看到牠們有交配行為啊！」

「所以牠們才叫做『兔子』啊，」（古早人稱「同志」為「兔子」），對方竟然幽他一默。拖鞋教授摸摸鼻子，覺得這番話可疑。

隔了好久，才終於揭開謎底。

一天下午，拖鞋教授去察看那一窩兔子，瞄到裡面有一根草繩，正在納悶草繩怎麼會動，鑽來鑽去，當下就知道是那種「長長的東西」出來攪局。拖鞋教授趕忙回頭找了一支夾蛇器夾住蛇，往外拖了兩公尺還沒看到蛇頭，拖出來一看，果然是條臭清母，蜷曲纏繞著夾蛇器，張開血盆大口，直直竄過來。

拖鞋教授的腎上腺素立刻升高，情急之下把那條臭清母往天空裡，像條拋物線一樣甩過來、甩過去，起碼甩了五、六十下，直到那條臭清母奄奄一息，拖鞋教授也幾乎虛脫。接下來的一陣棍棒毒打之後，臭清母活活慘死。

這窩兔子的確有公、有母，也生出小兔子，但兔子養在蛇窩旁邊，只要小兔子出生立刻成為惡鄰居的大餐。後來，阿德費了很大力氣，好不容易把蛇窩「請」走了。但之後還是不見小兔子，一路追查，才發現旁邊居然還有一窩老鼠。有云「蛇鼠一窩」，老鼠動輒騷擾兔子，拖鞋教授猜想，兔子很可能是長期處於驚弓狀態，因此精神耗竭而全部陣亡。

誰說農場生活一定浪漫寧靜？可真是危機四伏啊！

夏威夷之夢

Chapter 03

二十五歲，蘇達貞服完兵役，結了婚，丟下剛滿月的兒子，負笈美國深造。

他先落腳在洛杉磯的長堤州立大學念河川水利工程，拿到碩士學位後，他想換一個環境繼續攻讀博士，夏威夷是他的首選。

在一九八〇年代，海洋工程是一個新興的科目，這個領域很冷門，雖有海洋科學，但偏重在物理、地質、生物等基礎科學，沒有海洋工程。當時因為有石油探勘市場的需求，蘇達貞很想「下海」多瞭解海洋工程，不想和大家一窩蜂鑽研電機、機械、電腦、電子、資訊。

他到圖書館查閱資料，發現全美只有六所大學開設海洋工程博士班。由於他很喜歡夏威夷大學的一位法國籍、研究國際海洋工程的老教授 Bretchneider（布列曲奈德），蘇達貞讀許多這位海洋工程界泰斗的文章，可惜等他如願申請進入夏威夷大學時，布列曲奈德教授已退休，只做實驗，不收學生。

海島子民不會潛水

蘇達貞對夏威夷第一個印象是，「夏威夷人不穿衣服、不買衣服，甚至不需要衣服？」學校到處是穿短褲、襯衫、夾腳拖鞋的人，教授帶大家乘船出海做實驗，男生穿一條沙灘游泳褲，女生則是比基尼，不這樣穿反而很奇怪。換泳褲時大家面向大海，屁股對屁股，連老教授們都如此，一點也不覺得難為情。

他的夏威夷大學同學中，一半來自美國本土，一半從國外來，包括日本、巴西、德國、智利、印度，只有他一人來自台灣。他的指導教授六十多歲，背著氧氣筒就直接跳下海潛水，他的同學們也多半如此，潛水對他們來說就像吃飯一樣簡單自然，來自海島的拖鞋反而變成「不會吃飯」！因為他從小被教育「潛水很危險、很困難」，但是看同學們熟練的動作，才知道潛水其實簡單、安全又有趣。

隔了幾天，他立刻去報名學校的潛水社團，這位潛水菜鳥先去買了一本書惡補，這書是由「美國海洋與大氣總署」（NOAA —— National Oceana Graphic & Atmospheric Association）出版的《科技潛水手冊》（Scientific Diving Manual），這本書後來變成他在海洋大學授課的教科書。

夏威夷對蘇達貞來說，簡直是一個如魚得水的地方。簡單一句話形容這座南方島嶼，「西方的物質文明，東方的精神文化。」他在加州求學時還感受到種族歧視的壓力，夏威夷卻沒有種族優勢的差別，人口約一百萬，原住民波里尼西亞人佔三分之一，美國人佔三分之一，亞裔日中韓菲佔三分之一，平均觀光客也有一百萬。

當地的土著樂天知命，他們基本上是不工作的。他背地裡常取笑他們「只等著果子從樹上掉下來。」中國人因為怕窮、怕餓，所以整天工作，一生目的就是為了賺錢。他觀察當地的中國人，千里迢迢、離鄉背井來到這塊島嶼，卻天天泡在中國城，生活與習慣都無法融入當地的生活文化，因為上一代總是諄諄告誡子孫不要忘本，深怕被洋化就會被家鄉父老指著鼻子罵「數典忘祖」。「落葉歸根」是中國幾千年不變的傳統觀念，強調「死也要死在家鄉，子孫才可以撿骨」，這種文化深植在中國人的血液裡。

透過閱讀一些近代歷史，他瞭解很多中國人飄洋過海都是被「窮」逼的。譬如國父的廣東同鄉到夏威夷種甘蔗，是因為在老家日子快活不下去，種甘蔗全家就吃飽了。他有時很慶幸不必種甘蔗，課餘時間在餐廳端盤、洗盤，到電子工廠擔任裝配員、在學校的郵局當郵差……，同時做三種以上的工作，除了賺自己的學費，還有餘錢寄回台灣接濟家用。其他很多同學則是暑假到拉斯維加斯打工，一個暑假就可以賺到下學期的學費。

在夏威夷樂土的三個領悟

剛到夏威夷時，當地的留學生同學會主動跑來協助。很有趣的是，當他換住居地，因為地址變動他連家書都收不到，但《中央日報》卻一定到，他很好奇他們如何將他的行蹤掌握得這麼清楚。

他的美國同學，一半以上都是為了興趣才選擇這個科系，東方學生則是為了拿學位。他也不例外，來美國是為了拿博士，才能回台灣光宗耀祖。他從小就名列前茅，永遠都是班上的第二名，第一名的同學是烈士遺族，成績可以加分。他一直在等待頭上頂著博士光環、衣錦還鄉的那一天。

在美國求學是蘇達貞的轉捩點，他親身經歷並領悟了幾件事，這領悟改變了他的一生，也讓他這輩子受用不盡。

第一個領悟：即使問題一樣，但解決的方法日新月異，各有不同，這才是做學問的根本。

他在加州長堤大學攻讀碩士時曾修過一門《流體力學》，他在台灣讀大學時念過。教這門課的老師（可惜已記不得他的名字）只給學生一次期末考，一考定生死，而且每次只考同樣一題。

蘇達貞冷眼觀察，班上這些外籍留學生當中，伊朗、印度、韓國、台灣的學生最會作弊，而且招術各有巧妙。台灣學生最懂得合縱連橫，伊朗學生則精於情報滲透。那年伊朗同學居然查出每年必出的那道考題，而且找出前一年得分最高學生的檔案，台灣留學生得知，威脅也要一份，否則就去告狀。考試題目發下來，果然就是那一題，大家歡天喜地的作答。

暑假結束後，大家胸有成竹地回到學校，但看到成績公告當場傻眼，所有的伊朗學生和台灣學生都不及格！台灣學生摸摸鼻子不敢聲張，伊朗學生卻大辣辣地拿著考試成績去跟教授爭論，「明明去年這樣回答是對的，今年為什麼錯？」教授振振有詞回說，「我每年題目都一樣，但答案都不一樣，去年的答案可以得Ａ，今年只能得F。」這名教授是蘇達貞這輩子最敬佩的老師之一，也讓他受到很大的啟示。

第二個領悟：學生的天職就是要開口「問」，而不是等著老師來「考」。

夏威夷大學有一門課叫做「專題指導（Seminar）」，有一名教授是德裔美籍數學家Dr. Loomis（魯米士），研究的專題與流體力學有關。拖鞋心想，這門課既然已修過兩次，應該得心應手。第一次去找魯米士，教授交給他一本厚達六百頁的教科書，並交待讀完一百頁就去找他討論。拖鞋不眠不休地讀完艱澀的一百頁後，去找魯米士教授，才講不到兩分鐘，魯米士手指著書上某個段落某句話問他，「這是什麼意思？」拖鞋竟然被他考倒。

隔了一個禮拜，他更用心地讀了一百頁，再去找教授討論，中途又被打斷，魯米士問了一個簡單的問題，他又哼哼啊啊地答不出來……。如此連續三個禮拜，讓他十分挫折。

「這樣下去不是辦法，」他左思右想，決定改變策略，化被動為主動。第四個禮拜，他只讀自己最熟、最有興趣的一段，一走進魯米士教授的研究室，立刻先發制人，「請問教授，這一段我不懂，你可不可以解釋給我聽？」這次換成老教授哼哼啊啊了半天，講不出個所以然。之後幾次，他都如法炮製，有一天，這位魯米士教授在他丟出問題後回答他：「嗯，你進步很多，下次可以不必再來了！」

他終於理解一個道理，老師的任務就是要解惑，而不是以考倒學生為樂。然而，台灣教育最大的毛病和盲點就是，都是老師考學生，沒有學生考老師。課堂上老師問「有沒有問題」，學生都三緘其口，不敢發問也不會發問，或者一旦問題很多，就會被認為「故意找麻煩」，結果把台灣的學生教育成「從來都沒有問題，只是等著被老師考倒」。

後來拖鞋教授在大學教書，深深覺得台灣的教授真是「無法無天」，完全掌握學生學位的生殺大權。他看過一些老師僅憑個人好惡，連續四次死當學生而被退學，老師不會遭受指責，學生也只能默默承受。在美國，校方會質疑是老師沒有把學生教懂，才造成學生才被退學，教授可能第二年就被解聘。

第三個領悟：要得到別人的肯定，必須先得到自己的肯定。

他花了兩年半拿到博士，以往的學生平均至少是三年。他的論文指導是一名華裔美籍 Dr. Ted Lee（李澤民）教授，當他提出幾個論文題目的想法，李澤民沒說什麼，直接回問，「你覺得好不好？」隔了幾周，他拿著擬好的論文大綱去找李教授，教授的回答還是一樣，「你認為好不好？」後來拿著寫好的論文和實驗數據再去問，還是得到同樣的答案。他被弄得很困惑。

到了最後的口試階段，來了五個指導教授，再加上各系的碩士、博士旁聽生，加起來一百多人。那天，蘇達貞大概只報告了兩分鐘，就被現場的提問足足「砲轟」了四個小時，他完全是孤軍奮戰，李澤民教授從頭到尾沒出來護航或替他打圓場，只是眼睜睜看著他被打得滿頭疱。

好不容易挨到砲戰結束，李澤民教授叫他到教室外面等，口試委員要討論讓不讓他過關。他等了一個小時，心裡七上八下，李澤民教授終於開門招手叫他過去，只說了一句話，「恭喜你，蘇博士！」他腦筋一片空白，完全沒有興奮地一路沉默回到宿舍，腦袋裡不斷回想那一幕被砲彈轟炸的景象。

第二天拖鞋去問李澤民教授，「我到底表現得好不好？」回答還是一樣，「你自己認為好不好？」

當天，他在宿舍門口貼了一張字條：「凡是經過我的門口，敲門進來喊我一聲『Dr. Su』，都可以領到一枚二分五的硬幣。」那天大概有七、八十人來敲他的門。

半年後，李澤民教授因積勞成疾肝癌過世，學校裡幾乎都是教授和幾位學生幫忙處理後事，由李澤民指導過的六名博士幫他抬棺。李澤民教授的藏書全數捐出，其中有一部份被拖鞋教授搬回台灣，可惜因為台灣濕度高，這些書的紙張含水量激增，居然長黴。但他捨不得丟棄，直到今天仍保留這批飄洋過海的書。

每年拖鞋教授回夏威夷，都會到李澤民教授的墳前獻花，敲敲他的墓碑，跟他敘舊，「我在夏威夷的表現到底好不好？」有一年，他側耳貼在李澤民教授的墓碑上傾聽，突然頓悟老教授一直在教他一件事，「一定要我認為好不好嗎？難道你自己不知道好不好？你老是希望得到別人肯定，而你卻不被自己肯定。」

後來拖鞋教授回到母校台灣海洋大學教書，每學期教《流體力學》的第一堂課，一定把這三個故事拿出來講一遍，學生聽到都笑了，雖然他不認為這些二十幾歲的毛頭孩子能真正聽懂背後的含意，但他期望這些年輕人隨著人生歷練，也能像他一樣頓悟——有深刻的體悟，而不僅是字面意思的解讀。

小小航海經歷的啟蒙

蘇達貞在夏威夷還歷經了另一場震撼教育，成為影響他日後的重要關鍵，關鍵人物是波蘭美籍的克拉克教授（Dr. Krock）。

學校位於夏威夷的歐胡島，四周被太平洋包圍，風景十分秀麗。對於從小生長在海島台灣的蘇達貞而言，雖然對海洋很嚮往，卻又感到很陌生。

有天，克拉克教授和他有以下的一段對話：

「蘇同學，麻煩你開學校的小船出海，把放置在海裡的海洋探測儀器收回來。」

「克拉克老師，很抱歉，我不會開船」

「喔，那麼你會開車嗎？」

「我會開車。」

「那就沒問題，開船和開車事實上是差不多的，應用你平時開車的原理、規則和技巧就可以了，不懂的問一下港裡的那些船長就可以了。」

「是這樣子嗎？但是我沒有開船執照耶！」拖鞋忐忑不安地回說。

「你有開車駕照，不是嗎？」

「開車駕照我有。」

「有開車的駕照就可以了。」

「是這樣子嗎？請問老師，我開船出港前要去哪個單位辦理報備登記？」他想弄清楚作業流程。

「蘇同學，我不懂你這一句話的意思。」克拉克教授露出一臉詫異。

「我是說，我開船出海，不是應該先向港務局或者是海岸巡防部隊報告，並事先接受檢查，核准之後才可以出海嗎？」

「蘇同學，我很抱歉，我還是不太明白你這句話背後的思考邏輯是什麼？不過讓我這樣問你，你今天早上從宿舍開車到學校來，開車前有沒有先去警察局或是高速公路局接受檢查報備呢？」克拉克教授啼笑皆非地反問。

「喔……沒有耶！」拖鞋難為情地抓了抓頭。

「那你為什麼認為，開船要先去哪個單位報備、檢查呢？」

「…？！#@＊&$＊」這又讓他臉紅脖子粗地答不出話來。

拖鞋教授終於硬著頭皮到了碼頭邊，找到學校那一艘船「海豚號」，模仿旁邊的船家開船的動作：解開繩子、啟動、轉動方向盤，一下子就把船開出去了。他鼓起勇氣依樣畫葫蘆了一番，居然把船開出了碼頭，進入航道。

海港內來往船隻還不少，他決定靠右走，保持距離，也保持微笑，「這樣，總錯不了吧！」最後也決定向不斷對他揮手致意說「哈囉」的兩旁船家、海上遊客揮手答禮，頓時心胸開朗起來，逐漸能享受碧海藍天、乘風破浪的樂趣，以及那種英姿煥發、駕船馳騁的感覺。

不知不覺船已出了港，來到汪洋大海，正要開始尋找學校那具海洋探測儀器的位置時，前面迎來一艘海岸巡防部隊的船。

海巡警官靠近海豚號停了下來。拖鞋教授心情緊張萬分，「這下子完了！」

船上的警官說話了，「早安，海豚，有什麼需要幫忙的嗎？」

「喔……沒有，警官，我是出來尋找我們學校那具海洋儀器。」

「喔，那玩意兒，我知道，就在你右前方約半海浬的位置，看見了嗎？」

「我看見了，謝謝您！」

「那我們走了，祝您有愉快的一天！」

大概是海風薰陶的關係吧，他突然輕鬆愉快起來，反過來調侃那名警官，「你們這樣子就走啦？要不要上船檢查一下有沒有走私、販毒或者其他非法的勾當？」

「喔，不必了，那些並不是我們的優先工作，我們的第一要務是保障海上人民生命、財產的安全。」

「…？！％＄＃※＊」他沒料到竟是這樣的回應，頓時完全接不上腔。

這一段小小的航海經歷，卻是拖鞋教授極重要的啟蒙，改變了他日後奮鬥的目標和方向。

想要擁有一艘船

拖鞋教授終於學成歸國，回台定居後很想買一艘遊艇，帶著家人出海休閒。他聽說台灣是遊艇製造王國，於是找了一家遊艇公司說明來意。

遊艇製造商說，「台灣的遊艇都外銷到國外，台灣的居民目前還不能擁有私人遊艇，如果是居住在台灣的外國人，或許還可以睜隻眼閉隻眼吧！」

「什麼？台灣人自己製造的遊艇，卻不讓台灣人開，哪有這種道理？」他不信邪，找了港務局人員要當面問個清楚。

港務局人員回覆說，「船舶分類上沒有遊艇這一項，也沒有檢查丈量的辦法，你可以把遊艇當作一項商品，購買之後放在家裡的後院，但要讓船下水、航行、出海，恐怕依法無據！」

「…？！％＄＃※＊」他驚訝到下巴都快掉下來，「這到底是哪一門子的法令規定啊？」

他不死心，來到一處漁港，看見港內停泊著一艘遊艇，找到管遊艇的船家再問個清楚。

船家說，「這艘船雖是遊艇，但登記為海釣船，各漁港由農委會審定，有一些海釣船的許可名額，當地的漁民必須抽籤決定由誰經營海釣船。如果你想擁有自己的船，可以先辭去工作，變更職業為漁民，加入漁會，買一艘漁船，然後等待海釣船的名額輪到你，這樣就可以了！」

「…？！％＄＃※＊」拖鞋用力拍拍後腦袋，簡直不敢相信他聽到的這番解釋。

他抱著最後一絲希望，找到交通部的高級官員。

官員的答覆一長串，「解嚴之後，海域當然就開放了，要駕遊艇出海很簡單，根據交通部所擬定的動力小船管理辦法，你只要報名參加動力小船訓練班，繳交一萬二千元新台幣，上課受訓約一星期，拿到結業證書，然後報名參加港務局的動力小船執照考試，及格後報會頒給你動力小船駕駛執照，就可以去購買一艘動力小船，然後拿著動力小船船廠的證書，去港務局辦理丈量、註冊登記，再由港務局頒給動力小船執照，這樣就萬事ＯＫ了！」

雖然手續繁雜了一點，拖鞋教授聽從官員的指示，很努力的參加了動力小船訓練，也拿到了動力小船駕駛執照，並向遊艇廠商訂購了一艘船，拿著證書去港務局辦理檢測、丈量、註冊、登記。

划橡皮艇在海邊徜徉

港務局官員問：「這艘船的船籍所在地要登記在哪裡？」

「基隆港好了！」

「基隆港是國際商港，不接受私人小船的登記。」

「那麼，任何一個漁港都可以。」

「漁港目前也只接受漁船的登記。」

「那麼國內有沒有遊艇港可以登記呢？」

「沒有。」

「那麼我把船停在我家裡，要出海時再拖出來，這樣可以嗎？」

「如此所謂的『岸置船』，目前依法無據，也是不得辦理。」

「那麼，台灣人目前要乘船出海從事海洋遊憩、觀光休閒活動的辦法是什麼？」

「去坐海釣船！」

好吧，海釣船好歹也是一艘船。拖鞋帶著家人、小孩來到一處漁港，登上一艘海釣船，準備享受回台灣後第一次出海。海釣船離港前，首先來到港警檢查哨，停船靠岸，接受港警的檢查。

港警口氣嚴厲地說，「小孩不許登船出海，海釣船只能做海釣活動，你攜帶蛙鏡、蛙鞋，表示有下海游泳的意圖，攜帶照相機、錄影機也具有觀光意味。很抱歉，無法放行！」

拖鞋教授一家人被留置在港警所，目送著海釣船出海。

他最後想出的變通辦法是，買來一艘橡皮艇，帶著家人從海岸邊用雙手划槳，駛離了海岸，終於用最克難的方法，如願以償在台灣的海域上徜徉了一天。

回到岸邊，兩位手持長槍的海防部隊官兵上前押解拖鞋教授到海防哨偵訊。部隊長官在營區內質問，「你想偷渡到大陸嗎？」他的兩個小孩在偵訊室外，向心急如焚的媽媽問，「爸爸犯了什麼罪？」

這整件事的過程讓他反省質疑，台灣依舊是一個有「海禁」的國家，把普通老百姓到海裡乘船、戲水等都當成偷渡客或走私客。政府和學校推行的「恐海教育」，也造成台灣人普遍患了「恐海症」，即使生活在充滿水域、溪流、池塘、湖泊、海洋的海島國家，小孩長大後畏懼游泳、戲水等水中活動，更沒有足夠的知識與技能來保護自己。

重新省思，如何親近喜愛海洋

對海洋的畏懼大多出自對海洋的陌生所造成的誤解。台灣的大人和小孩在成長的過程中，並沒有適當的教育來引導我們接近海洋，近來雖要求國小畢業生要有二十公尺的游泳能力，但訓練游泳能力尚不足以矯正過去五十年來的恐水教育，而且僅侷限在游泳池內，並不能引導學生走出戶外，接觸青山、綠水、藍天的大自然環境，也無法真正認識海洋。

不但如此，社會大眾認為漁港代表落後與髒亂，漁船是簡陋與危險的，漁民生活是艱辛與貧困的，捕魚生活不會是年輕學子嚮往的生涯，海洋活動只是少數人的行為，家長禁止小孩到海邊戲水，學校不鼓勵學生從事海上活動……。總而言之，所有的曲解誤會都凸顯「海洋立國」是空洞的口號。

海洋變化多端，一般人在風平浪靜時，覺得蔚藍的海水讓人心曠神怡；狂風暴雨時，洶湧的浪花破壞力十足，讓人心生恐懼。「颱風天不准至海邊觀潮」，這個禁令警告乍聽之下無可厚非。平常無風無浪，當然不會聚集人潮觀看海浪。颱風來臨時，強風暴雨視線模糊，更不是觀察海浪的適當時機。

事實上，很少人知道在颱風來臨前的一、兩天，颱風未到、晴空萬里時，一千公里外的颱風所造成的長浪已經抵達岸邊，這時候正是最佳的觀浪時間，這種有規則、固定長週期、有節奏，並且垂直湧向岸邊的大浪，才是最壯觀、最值得欣賞的海浪。

對於標榜海洋立國、每年有幾十個颱風經過的台灣，政府與教育單位應該適當提供這種資訊給人民，並規畫安全場所，告知民眾最佳的觀潮時間以及解說相關知識，而不是一味禁止民眾到海邊。

台灣人到歐美旅遊，大多會讚嘆他們美麗的遊艇碼頭，若是有機會搭乘遊艇出海，也會認為是人生一大享受。參加東南亞旅遊團也有從事潛水、滑水、拖曳傘、海釣等海洋活動，也都沒有遭到陸上、海上軍警人員的檢查。反而是台灣為何一直沒有夠水準的遊艇碼頭，海上遊憩活動為何不普及？乘坐船隻出港為何會遭受手持步槍的海巡人員點名盤查？

拖鞋教授有一名熱愛航海的朋友劉寧生，乘坐帆船環球一週回來後表示，他走遍全球各地，包括長期處在戰爭狀態下的國家，譬如以色列，船隻出入境的檢查都沒有像台灣如此嚴格與瑣碎，「為什麼唯獨台灣的居民會遭受到這麼多的困難？」劉寧生百思莫解。

假設每一位汽車駕駛上路前須要填寫報告，到警察單位檢查合格，並且只能在規定的時間、路線，定時定點來回，中途不得停靠其他地點或做其他活動，也不得上下乘載旅客，還會有人願意開車嗎？

領海視同國土的一部份，海洋立國的國家應該把舟、車、飛機、火車等視同一樣的交通工具，對於船隻遊艇等海上活動，應該有更人性化的管理。否則，夠資格稱得上海洋立國嗎？

所有經歷過的海洋自由的體驗與遭遇的限制，彷彿注定成為拖鞋教授這輩子最重要的使命：讓我們重新省思海洋，引導下一代認識、親近、喜愛海洋吧！

夾腳拖鞋教授

Chapter 04

一九八五年，從夏威夷學成歸國的蘇達貞回到母校海洋大學教書，一直待到二〇〇九年退休為止，整整二十五年。剛回台灣時，學校裡的教授大多是留日，清一色制式的西裝領帶；留學歐、美的老師穿著比較休閒，但大多也中規中矩。

很少看到像蘇達貞這樣的大學老師。他在海洋大學有一個人盡皆知的外號——拖鞋教授，每個人對他的第一印象，就是他腳上的那雙夾腳拖鞋，不管到哪裡幾乎都是「拖鞋＋短褲」這身裝扮。他除了在教室內上課會換上運動鞋之外，在校園裡永遠是屐著夾腳拖鞋趴趴走。

打破常規的拖鞋教授

為此他常遭受批評，也曾被長官和同事善意提醒，「要顧及形象，不要穿得那麼隨便，不懂得禮節」、「穿拖鞋是『踐踏』大學老師的尊嚴」……，而且學校明文規定學生不得穿拖鞋上課，蘇達貞身為教授、輪機系系主任，竟然帶頭做不良示範。對此他心平氣和地回說：「我是在夏威夷被影響的，服裝不是為了彰顯身份，而是根據天候場合決定，我教游泳、潛水，總不能叫我穿著皮鞋去授課吧！當我沒教水上課程的時候，我是穿著球鞋上課的。」

學生只看過一次他穿襯衫、打領帶，那天是巴拿馬總統來校訪問，拖鞋教授破天荒地換上了皮鞋。他曾經被誤認為工友和送貨工人，他也不以為意。有幾次他也是一雙夾腳拖鞋，就和學生到五星級飯店聚餐，服務生不好意思趕他出去，只好要求他坐到角落。但後來該飯店特別開了一次檢討會，並做出結論：「顧客是神（日語），要更親切地招呼他，不可要求客人因為服裝問題而坐到角落。」從此拖鞋教授成了那家飯店的常客，往後好幾年的師生聚餐都選定那飯店。

脫鞋教授的穿著令校方搖頭，但他在學生群中卻大受歡迎。「拖鞋」甚至成為校園裡的典範，學生有樣學樣的開始穿拖鞋到學校，基隆的多雨，讓大家有很好的理由穿拖鞋。

海洋大學每年都會由學生針對老師做課程評鑑，拖鞋教授連續七年蟬聯學生票選第一名，口碑甚佳。他教過的學生有上千人，只要提到「拖鞋教授」，大家都津津樂道，反覆傳述他在校園內發生的種種趣事，「常常在他身上看到不對稱」，一位學生如此形容他。

脫鞋教授與一般大學老師的行事風格迥異，除了衣著裝扮隨性、不喜束縛，教學方式也打破常規、不落俗套。他的形象鮮明突兀，我行我素，但個性隨和，幽默風趣，言之有物，絲毫沒有大學教授高高在上的距離感。

服裝不是為了彰顯身份，而是根據天候場合決定。

最好的講堂在教室外

他的教學方式一點都不死板，但講學架構完整，很有邏輯且深入淺出。他沒有指定講義或教科書，每次都是兩手空空進教室，他向學生們強調：「圖書館裡的書就是你們的教課書！」要學生們自己到圖書館找書看。他授課時全用英文寫板書，教學內容都是他整理消化的東西，這些學術、知識就像電腦晶片一樣，早已植入他腦袋裡的資料庫。

他從日常生活裡找例子，講解很生活化，他通常是在黑板上寫一些簡單的方程式，然後畫幾個像漫畫一樣簡單的圖，也不是什麼結構嚴謹的工程圖。如果事前、事後不做功課，他兩三下輕鬆講完的內容，學生是很難聽得懂的。學生私底下戲稱拖鞋教授上的課是「奧義」。

一般都是老師比學生晚進教室，但拖鞋教授一定比學生提早十至十五分鐘到。他常自比「大學老師就像 7-Eleven 便利超商，是知識販賣者，應該在教室等顧客（學生）上門。」上課前他總是先向學生鞠躬，說：「感謝大家來捧場，否則我就乏人問津了。」如果當天準備的內容講完了，他就提早下課，絕不浪費時間。

老師有很多種，有些拿分數威脅學生不可缺席，有些姿態擺得很高而不可親，有些喜歡學生巴結狗腿。有些則是公私切割得很清楚，上課歸上課，下課後「你走你的陽關道，我過我的獨木橋」，師生互不往來。更多的老師只做到授業，並沒有解惑。

拖鞋教授上課的講堂不只在教室，而是無時無刻無處。夏天會帶著學生去潛水，冬天一起去泡湯，他利用各種場合跟學生聊著人生道理。因為他閱歷豐富，又樂於分享，甚至成為這些學生的人生導師。他就像一塊磁鐵，學生們樂於接近他，甚至「黏」著不放，即使畢業多年，依舊和他維持良好的互動，維持亦師亦友的情誼。

為人師，亦為人生導師

徐永晟就是其一。他曾擔任海洋大學學生社團「樂水社」副社長，是輪機系的學生，拖鞋教授當了他四年的班導師。

脫鞋教授第一次注意到徐永晟是在學校舉行的跳高比賽，他對這個年輕人奮戰不懈的精神留下深刻印象。後來，樂水社幾名成員打算徒手划獨木舟挑戰八斗子對面的基隆嶼，跑來向脫鞋教授請教該如何向相關單位報備。「你們去報備不會有人批准，不如乾脆直接划出去，海防會『嗶嗶嗶』吹你，但不會來追你，因為他們沒有裝備……，」拖鞋教授提議。

海洋大學輪機系有一個專用的小艇碼頭，訓練學生做水上求生的課程，平常不對外開放。結果，徐永晟與另外三名學生就從小艇碼頭划獨木舟出海去了。不消幾分鐘，校長室的電話鈴聲大作，海防部隊八尺門漁港港檢哨打電話來罵人，校長立刻知道絕對是拖鞋教授幹的好事，一定是他私下授意學生蠻幹。

從八斗子到基隆嶼只有二・六公里，但受到海流影響，徐永晟與三名伙伴從基隆嶼後方繞了一大圈，花了快五個鐘頭才划完。繞這一圈讓他們赫然發現，海峽兩岸的漁民在基隆嶼背面交換魚獲，聽聞已久的傳言終於親眼目睹。

「這是我在海大幹過最瘋狂的一件事，」徐永晟如今是一名外商公司的電腦工程師，三十七歲的他已娶妻生子。大學生涯雖只有四年，但拖鞋教授影響他卻是一輩子，還引發他後來陸續做了幾件瘋狂的事。

畢業後，徐永晟跟拖鞋教授並沒有密切的聯繫，有一年卻突然出現在學校的辦公室，「老師，我曾跟你說過，我打算環遊世界，我信守我的承諾，專程來跟你辭行。」這個年輕人努力工作，花了四年存了一百多萬，計畫用一年的時間到世界各地旅行。「嗯，很好，一年後你再回來找我，分享心得，」脫鞋教授祝福他一路順風。

一年後，徐永晟如約回來了。他的環遊世界之旅總共花了三百天，一天不多，一天不少，去了二十四個國家、一百多個城市。脫鞋教授和他相約見了面，也安排他跟學弟妹做了一小時的專題演講，再帶他到校友服務處，工作人員馬上邀請一位駐地記者來做採訪，第二天報紙幾乎登了半版。他自己也寫了一篇二十多頁的遊記，發表在私人部落格裡。

第二年，徐永晟又來花蓮找拖鞋教授，這次的瘋狂行為是用腳踏車環島，騎著一輛他用兩千塊錢從百貨公司買來的「陽春款」，從台北騎到鹽寮，原本說要住一晚，結果一住住了兩個禮拜，然後把腳踏車用火車托運到台東。辭行之前他告訴拖鞋教授：「我在鹽寮的這兩個禮拜，思索出很多人生的道理。」

他深刻體悟，人生要慢活，才能看得清楚生命的價值。徐永晟曾經用開車、騎摩托車、騎腳踏車等不同的方式環島，發現「慢慢騎、細細看」最令他感動。他深入許多鄉下小鎮，看到人們賣力辛苦的工作，汗流浹背地討生活，才知道自己日子過得多幸福，擁有的太多。

從此再也離不開海洋

二〇一一年，拖鞋教授著手成立「蘇帆海洋文化藝術基金會」，需要訓練志工，給了徐永晟台幣十萬元，請他幫忙做些事，他只花了三千元架設基金會的網站。一年後，他把九萬七千元還給拖鞋教授，同時透露他即將進行的另一個計畫——這回他要去蒙古自助旅行，而且是攜家帶眷，帶著老婆、小孩一起去。

過了兩、三年，徐永晟又來找拖鞋教授，「老師，我決定效法你在花蓮買塊地弄個農場。」於是他開始佈局，擬定一個十年計畫，拖鞋教授陪著他找地、看地，在壽豐鄉靠近鯉魚潭，看中一片面積一千五百坪的地，大約是追夢農場的兩倍大。

徐永晟（左一）決定追隨拖鞋教授，終生與海為伴。

A型處女座的徐永晟，當年考大學的第一志願原本是北科大，卻以一分之差飲恨進了海洋大學，一個身高一百七十四公分的堂堂大男孩為此痛哭流涕，心不甘情不願地進了海大。本想只念一年就重考，沒想到遇見影響他的拖鞋教授，從此再也離不開海洋，不但相繼拿到五、六張潛水、救生教練執照，並決定追隨他，終生與海為伴。拖鞋教授看著徐永晟走的每一步路，認為這個年輕人非常信守承諾，說到一定做到，非常有執行力且懂得運用方法達成目標。

是人生導師，也是愛情顧問

李旭富也是深受拖鞋教授影響的「直接受益人」。拖鞋教授曾親口誇讚，「李旭富是我最佩服的學生之一。」這個從澎湖來的年輕人，剛進海大的時候，擔心自己的程度跟不上台北的學生，整天泡在圖書館裡，每天的生活重心固定就是教室、宿舍、圖書館，不超過這三處以外。

李旭富是徐永晟的同班同學，但兩人的風格南轅北轍，徐永晟非常有女生緣，海大有五分之一的女生他都認識，並且都能叫出這些女生的名字。李旭富雖然高中念男女合校，卻幾乎沒有開口跟女生講過話，而且一開口馬上就會臉紅，手足無措，還會結巴，詞不達意。

二十歲出頭的大男生正值青春年華的階段，難免渴望結交異性朋友，李旭富本以為進了海洋大學，終於有機會了。很不幸，海大陽盛陰衰，他們那一班輪機系竟沒有半個女生。那時候，海大校園風行一種「抽學伴」的跨系公關活動，就是用抽籤做男女配對，彼此成為一起學習的同伴，多數男生都拿來當作認識「正妹」的正當藉口。跟輪機系對抽的是食品科學系，女生供不應求，勢必有三個男生會槓龜。不幸，李旭富就是其中一個，「真是衰到爆，連這樣的機會都白白溜掉，」他簡直失望透頂。

暑假到了，拖鞋教授想到這個從澎湖來的年輕人，打算介紹他到安親班打工，教小孩電腦、數學、自然，約他在基隆「德育護專」見面，那所學校全都是女生，幾乎是海大男生人人都修過的「必修學分」。

「要怎麼去？」李旭富撓撓腦袋問他。

「嗄，你沒去過嗎？」拖鞋教授一臉吃驚。

「沒有啊！」李旭富覺得很窘。

拖鞋教授細問了李旭富的日常生活狀況，察覺這個年輕人有交友障礙，極度缺乏跟異性互動的經驗，當場便開導他，講了三則故事幫他加油打氣。

其一，買樂透理論。

跟女生互動就像買樂透，多買多中，有試才有機會，不買則完全沒機會。

這可真是一針見血，直中要害，「我以前只會觀望，不敢出手，雖然很想跟異性溝通，只是一直沒找到竅門，只能眼睜睜地看著女生走掉，」李旭富表情無奈。

從此，李旭富決定身體力行「多買多中理論」。學校辦舞會，他不會跳舞，卻斗膽邀約航管系系花，跳舞時他亂掰一通說，「我好像常常在哪裡看到妳……。」對方也禮貌回應，「是啊，我也覺得你眼熟。」直到連續踩了系花好幾腳，對方的臉色愈來愈難看，他只好識相地趕緊閃人。

還有一次，他和室友邀約崇佑企專的女生夜遊，為了講究公平性，一夥人抽機車鑰匙。他運氣好抽到「上上籤」，簡單說，就是載到一名恐龍妹，身材略胖，滿臉「痘」花，問她話，只有「哼」「哈」兩字。

一路上，李旭富運用買樂透理論，賣力地跟她講天文地理，把自己從海大通識教育課聽到的素材，鉅細靡遺轉述一遍，結果得到恐龍妹相當正面的回應。更妙的是，當天恐龍妹的一位女同學Shanne察覺李旭富的善行義舉，對他留下深刻的印象。第二次出遊，這位女同學主動選擇李旭富當他的車手，兩人愈聊愈投機，後來順理成章變成他的女友，交往至今，已論及婚嫁。

拖鞋教授早已看出李旭富的潛力，聲稱他是「悶騷」，他也不否認。但拖鞋教授叮嚀他，千萬不要在女生面前提到買樂透理論。有一次他不小心說溜了嘴，惹得女生惡狠狠地瞪了他一記白眼。

其二，舊皮鞋理論。

老朋友就像舊皮鞋，愈穿愈舒服，適合走長路。有些朋友就是你的舊皮鞋，雖然外表不好看，但穿起來很舒服，新皮鞋樣式光鮮亮麗，但穿起來常會打腳、不舒服，不適合走遠路。因此，交男、女朋友最好不要隨便換人，喜新厭舊只是增加彼此適應的困擾。

其三，籠中鳥理論。

愛一個人要學會放手，不能愈抓愈緊，就好像養鳥，害怕鳥飛走而把鳥關在籠子裡，從此牠就不再唱美妙的歌聲，不如放手讓牠自由飛翔，如果牠再飛回來，就是真正屬於你的。

拖鞋教授讓他徹底開竅，「他太有趣了！」李旭富形容，以前和女朋友往到一個程度，就開始患得患失，思考著要不要繼續下去？因為害怕失去，反而抓得更緊，但也發現對方變得不快樂。

被當掉的學生，反而跟著他最久

拖鞋教授當年在海大廣受歡迎的原因之一，據說是「從不當學生」。是但這個紀錄後來卻被一名學生溫正毅打破。

「天兵」溫正毅在大三修了拖鞋教授的《流體力學》，但由於太投入社團活動，沒有把心思花在課業上。考試那天，竟然睡過頭遲到，晚了三十秒進教室，超過拖鞋教授規定的時間，試卷就被收走，活活被死當，「都怪那一年基隆的東北季風，天氣太冷害我早上爬不起來，」事隔多年，溫正毅談起這件事，把這筆帳算到壞天氣的頭上。

每學期開學第一堂課，拖鞋教授照例先說清楚、講明白遊戲規則。譬如，一學期有十次隨堂小考，每次都只考一題英文申論題，只要其中一次不是零分，整學期就可以安全pass。他的考題不難，但一定要做過功課，才可能答得出來，「只要過關了，你以後就可以不要來上課，」拖鞋教授語氣斬釘截鐵。

即使十次都沒過關，還有一次補考，三題答對一題，就可以過關。如果這關也沒過，還有第二次補考，幾乎都是專有名詞，事前會先給題目，答對六題就過關。總而言之，想盡辦法樣讓學生pass，「因為他們第二年再來，還要強迫聽我的笑話兩次，我覺得很討厭，不想再看到他們，」他解釋理由。

到了第二節課，拖鞋教授問大家「有沒有問題？」果然如他所料，幾乎每位學生都緊閉著嘴沒有問題，拖鞋教授形容他們是「無言的抗議」，都在等著老師說。連續無言抗議三次，他不再問任何問題，規定學生必須自動舉手發言，只要在課堂上與他對話超過五次來回，本學期就過關，不用再來上課。對話內容類似，「一個人揹了一個保險箱，總重量有一百公斤，從一〇一大樓最高層往下跳，他的時間和速度的曲線圖是什麼？」從此，每堂課都有學生舉手發言，但並沒有人因此而缺課，平常的出席率維持在八至九成。

拖鞋教授神通廣大，甚至去收集了二十多種學生作弊的手法，並一一拆解，立下破天荒的考試規則，凡具有以下情節者，視同作弊：一、頸部轉動不自然；二、眼睛黑眼珠不在白的中間；三、桌面有異常的反光；四、兩手沒有保持在桌面上；五、桌面文具太多。「作弊者，不會被舉發，但拖鞋教授會懷恨在心，並找適當機會報復，」他補充說道。

拖鞋教授是個不折不扣的「冷面笑匠」，他敘述事情的態度，理性溫和而且不帶任何情緒，但「教室內一片絕倒，每個人幾乎都笑得人仰馬翻，」溫正毅描述課堂上的景象。

打破拖鞋教授不當人紀錄的溫正毅（右）。

不按牌理出牌的拖鞋教授，對早已被傳統教學制約的學生來說，非常不能適應，學生常在猜測他葫蘆裡到底賣什麼藥。考試要怎麼考？讀書要怎麼念？怎麼準備？終於捱到了期末考，居然沒人作弊，因為題目太簡單，他只出了十道是非題，學生全部都過關了。

被死當的溫正毅對拖鞋教授沒有任何怨言，「在他身上可以學到東西，而且他的人格受到尊敬。」第二年，溫正毅重修了這門課，而且拿了最高分，總算扳回一城，證明自己是可以好好唸書的料。後來，他又考進東華大學藝術創意產業研究所，拿到碩士學位。

七十四年次的溫正毅在校園內一向活躍，能言善道，反應靈敏。但在拖鞋教授眼中，總覺得這小子很臭屁，自以為是。拖鞋教授常會找機會磨練他，故意挫他的銳氣。溫正毅跟在拖鞋教授身邊最久，足足有七、八年，還做過他的助教。二〇〇九年由拖鞋教授領軍的獨木舟環台，溫正毅是活動總策劃人。

放手，讓學生親身體驗

拖鞋教授把計畫構想出來，就放手交辦，不會追究細節。但他也會用激將法。溫正毅在花蓮東華大學唸研究所時，常在學校和鹽寮之間走動，有陣子追夢農場花園裡要植草磚，拖鞋教授跟他打賭，「溫正毅你絕對不會鋪完。」有次拖鞋教授揚言要和學生比賽仰臥起坐，輸的人帶贏的人去帛琉潛水……，溫正毅聽聞後真的去找他挑戰，拖鞋教授矢口不認帳，連連搖頭說，「沒有這回事。」但另一名學生胡博凱親眼看到拖鞋教授在六十歲那年，一口氣做了八十下的仰臥起坐。

獨木舟環島那一年暑假，因為中途遭遇八八風災，被迫中斷。第二年，原班人馬打算繼續完成獨木舟環島，拖鞋教授故意置之不理，不但迴避不參與還放話唱衰：「反正你們也做不到，」就是要硬逼著他們自己去解決困難。「他常故意說反話，我就辦到給他看，」跟在拖鞋教授身邊最久，溫正毅早已摸清拖鞋教授的脾胃。

有一次師生兩人沿著十一號省道開車，省道限速六十公里，溫正毅卻一路猛踩油門，超速飆到一百二十，「喀擦！」被拍了一張照片，拖鞋教授嘆了一口氣，「終於拍了！」他知道沿途都有照相監測器，但從頭到尾不講，寧願讓溫正毅被拍照受罰。結果一千八百元的違規罰款由拖鞋教授繳，溫正毅被罰寫一篇「八八風災救災心得」做為補償。

八八風災中斷了海洋大學的獨木舟環台計畫，團隊成員上岸參與救災。事後，環台隊伍應邀到東華大學分享經驗，溫正毅上台報告題目是「放下船槳，拿起圓鍬」，提到他們在災區看到小朋友畫的圖，都是被大水沖掉的家園，那畫面讓他們很震撼。當他提到夢想放手這件事，「何時該放手，是到了手痛的時候嗎？」隔著四、五排桌子，他瞥見拖鞋教授臉上的表情，眼睛微微泛著淚光。

拖鞋教授有時也會誇大，把自己人生的謝幕式形容得很悲壯，聲稱「要一個人划出太平洋，然後就永遠不回來了」。他交代自己的葬禮，所有的學生每人都要手拿一支箭，上面點了火，百箭齊發放火把他的船給燒了。據說，亞瑟王就是這樣舉行葬禮。

有一次，拖鞋教授去花蓮銅門買了一把彎刀回來，他走到農場園子裡的草皮中間，「溫正毅，你過來，」笑著把刀子丟給溫正毅，然後轉身走開，很武俠的味道。

溫正毅接過了那把彎刀，現在還放在追夢農場的東廂房，「因為以後我還會回去，」溫正毅語氣篤定。

用說故事發揮影響力

拖鞋教授講過很多小故事，一直在學生之間反覆傳誦。譬如，偉大的冒險家從不做冒險的事；不要執著，要懂得放手，才知道是不是屬於你。他跟學生去基隆碧沙漁港，看到魚販籠子裡裝了很多螃蟹，他向學生解釋，「這些螃蟹為什麼不會爬出來？因為只要有一隻爬上去，其他的螃蟹就會用鉗子把牠夾下來……。」

溫正毅形容，拖鞋教授最浪漫感性的一幕，就是常在海邊跟學生聊一些故事。譬如，男人的一生二十歲是愛情生活，三十歲是金錢生活，四十歲是政治生活，五十歲是公益生活，六十是藝術生活，七十以後就隨便活。而且，這些過程最好都要滿足，才不會留下遺憾。但不管有沒滿足，時間一過就一定要放下，否則很難快樂。

另外，還有一則關於「一棵大樹」的故事。

一棵數大約會散落一萬顆種子，約有一千顆會幸運的落在適合生長的土地上發芽，約有一百顆會勝過周遭的野草而存活下來，約有十顆能擺脫爬藤寄生植物的威脅，冒出頭得到陽光，十顆中有九顆從此無法無天、張牙舞爪、四處伸張，並占據一大片土地。但這九顆卻因為過度、無節制的向外延伸，而長成矮胖的怪樹，被自己的貪婪限制，無法再向上發展。

大約只有一棵樹會因為受到環境壓縮，只能保持細細長長、營養不良式的繼續往上生長（或者是受到樵夫刻意修剪他張牙舞爪的側枝），它比別的樹更努力的想辦法存活，最後終於鑽出頭高高在上，迎著陽光，把周遭張牙舞爪的樹給比了下去，變成了萬中選一的神木。

若說拖鞋教授到底影響他們什麼？除了腳上那雙夾腳拖鞋之外，應該就是當年他自己在夏威夷領悟到的那三件事。還有，一名顛覆傳統的教育家風範。

愛上海洋的N個理由

Chapter 05

夏天的時候，很多人喜歡到海邊。

小學音樂課裡有一首歌《夏天裡過海洋》：夏天裡過海洋，胸懷中真歡唱，結隊伍奏音樂，把歌兒高唱，看海潮急如駛，微風起生清涼，羅列的小島下，衝擊著波浪……。

這首歌旋律耳熟能詳，朗朗上口。上網查看，才知道原曲是出自威爾第的歌劇作品《弄臣》，原始的唱詞其實和「夏天」、「海洋」根本沒關係。

人類對海洋一直抱有強烈探索的好奇心。從古到今，流傳著許多關於海上冒險的故事，包括四次橫度大西洋、發現新大陸的哥倫布（西班牙），首次率領船隊環航地球的麥哲倫（葡萄牙），以及七次遠行南洋、拜訪三十多國的鄭和（中國）等，都成為小說、教科書裡百提不厭的題材。

歷史上，這些冒險家各有其豐功偉業，中國明朝的鄭和更是光芒萬丈，他統領二百四十艘船、二萬七千四百名大軍（船員）的遠航船隊，被史學家譽為是世界大航海時代的先驅，也是當代航海事業的頂峰，後世幾百年無人能及。近代史學家梁啟超盛讚「鄭和不讓西方人專美於前，中國人也有稱霸海洋的潛力」。但他同時感嘆，「可惜，鄭和之後，再無鄭和。」

只有海鮮文化，沒有海洋文化

拖鞋教授大學念的是輪機，但他只當它是一門學科，他坦承對於海洋文化所知相當貧乏，直到留學夏威夷，在當地受到海洋人文教育的啟蒙，才瞭解自己對海洋的無知與誤解。

拖鞋教授回到台灣以後，二〇〇九年他帶著一群學生徒手划獨木舟繞行台灣外海一圈，在當時引起很大的質疑和討論。獨木舟環台雖然成功了，卻讓他再次強烈感受到民眾在「恐海教育」下長大，因為對海洋常識的貧乏，下意識地把海洋「污名化」——「大海很危險」、「在海裡很容易淹死」……，因此製造出更多的「恐海族」。

當然，包括我，也是恐海族的成員。

有一天，我冒失地問拖鞋教授，「為什麼我們一定要瞭解海洋？」

他愣了幾秒鐘，大概沒料到我會問這樣白目的問題，耐著性子回答，「如果我們是住在蒙古或戈壁大沙漠，妳這個問題就成立。」

我當下恍然大悟，覺得自己真是個蠢蛋。這就好像明明住在一個地方，卻完全不瞭解那一帶的地理環境，視而不見，聽而不聞，無知無感，不就是又聾又瞎，失去知覺的能力。

「黑潮海洋文教基金會」創會董事長廖鴻基曾做過調查，詢問台灣大學生對海洋的認識，結果顯示，不會游泳、不曾航海、認為海邊很髒亂、海洋很可怕的占了一半以上；也有不少學生以為鯨魚是魚，無法分辨浮游性與底棲型魚類，甚至不知道吃的魚是從哪裡來的。

「台灣人只有海鮮文化，沒有海洋文化，」長期關注台灣海洋生態環境的廖鴻基不只一次感嘆，台灣人雖然吃了很多海鮮，但普遍「只動嘴，不動腦」，僅僅流於為了滿足口腹之慾的「腸胃型思維」。

「台灣人的祖先跨海而來，下一代的子孫卻很少願意離岸，」身為海洋文學作家的廖鴻基直指，台灣人遠離海洋與過去兩岸政治對立、長期戒嚴有絕對的關係。海邊原本是通往世界的門口，如今卻變成邊陲，台灣人甘於「背對著海」，成為看不見海，走不出去的海島兒女。

認識海洋關係著背後更深層的人文意義。曾隨著船隻走遍各國的廖鴻基細心觀察，「愈落後的國家，海防愈會刁難」。他指出，全世界僅剩共產國家的北韓以及台灣，管制海域戒備森嚴，即使一些被認為發展落後的國家，海域裡隨時可見大小帆影點點，人民出海自由自在。

卡拉漢、劉寧生的航海人生

從環保的角度來說，海上活動是最貼近大自然的運動項目之一。譬如以風力為動力的帆船，既安全又節省能源，產生的污染最小。

但若從個人的成長背景與環境來看，喜歡大海其來有自。《漂流》一書的作者卡拉漢，從十二歲的時候開始學習航海，然後就被帆船的歷史迷住了，嚮往古老年代的那種浪漫和冒險，「航海的一切，都讓我如魚得水，大海是我的禮拜堂，讓我的心靈被觸動，」他形容。

年紀不到二十歲，卡拉漢就開始夢想駕駛一艘小船橫渡大西洋。他閱讀所有關於偉大航行的書籍，並幫忙打造了一條四十呎長的船，後來乾脆加入造船業，在船上生活，二十七歲成為全職的船隻設計師，也教授船隻設計。自此以後，航行幾乎是卡拉漢人生的全部。

台灣第一個駕駛帆船「跨世紀號」環航世界成功的劉寧生，是在中年以後毅然決心航海。劉寧生有一個知名度非常高的父親「老頑童」劉其偉（已過世），他既是畫家，也是探險家及人類學家。劉寧生受到父親的薰染，從小就喜歡接觸大自然，尤其對海洋情有獨鍾，把航海視為人生目標。

「我並不是『立志』要航海，我只是『想去』航海，」一個四十多歲的男人，所謂的社會中堅份子，劉寧生結束了經營二十多年、日漸萎縮的外銷生意，自認在盡了多年的社會責任之後，一個可以實現夢想的時機出現，於是他任性地放手一搏。「我只是去做自己一直想做的事，如果將來老了，我坐在椅子上回想一生，後悔這一件當初能做、卻沒有去做的事，我一定無法原諒自己。」

台灣先民其實都是航海高手，早期的福爾摩沙原住民曾以獨木舟橫渡太平洋。人類學家證實，福爾摩沙原住民乘桴出海，最遠曾航行到夏威夷群島以及南半球的復活島。在那個古老久遠的年代，沒有GPS衛星導航設備儀器，但福爾摩沙的祖先，就已具有相當開闊的世界觀與海上冒險精神。

澳洲、紐西蘭是帆船運動者的天堂

一個國家的海洋運動是否蓬勃，通常與地理條件有關。在南半球的澳洲、紐西蘭，海洋運動都相當蓬勃發展，而且在各種國際航海比賽中，成績廣受注目。

澳洲因為地形的關係，境內大多為平坦無山的高原，日出日落溫差大，造成風況也多變化，這是發展水上運動的基本條件。澳洲的第一大港雪梨素有「南方樂園」之稱，四季天氣晴朗，溫度宜人，港內海岸線曲折，並有無數小海灣做為天然屏障，對於喜好帆船運動者而言，猶如天堂。

絕佳的天然環境造就了澳洲人喜愛水上活動，各種帆船學校、訓練中心、水上俱樂部……多如牛毛，培養出無數的好手。劉寧生初次下海操帆，就是在澳洲雪梨的「東航航海學校」（East Sail Sailing School）接受四個月的密集訓練，學會各種理論和技術，領到生平第一張證書。令他印象深刻的是，這所學校的授課老師，平日各自另有職業，都是因為熱愛帆船運動才來航海學校兼課。

澳洲更是全球帆船實力頂級的國家之一，全世界水域幾乎都可以找到澳洲水手，實力備受推崇。澳洲帆船隊曾於一九八三年拿下美國帆船盃冠軍，一舉打破美國選手長期獨霸的局面。

離澳洲不遠的紐西蘭人，海洋運動實力也是屬於世界級。有一次，美國國家隊美式足球聯盟線衛達哈尼・瓊斯（Dhani Jones）為了製作電視節目《挑戰全世界》，專程跑到紐西蘭去學習駕駛帆船，並且加入當地的「酋長帆船隊」出海比賽。達哈尼擔任船上的繳盤手，這個看似簡單的動作，卻讓他手腳忙亂、氣喘如牛。這名身材壯碩的美國佬雖未能在比賽中拿下名次，但對紐西蘭人熟練專精的操船技術嘆為觀止，認為絕不輸橄欖球。達哈尼甘拜下風，真正開了眼界。

奧克蘭的「船聚」是日常休閒

在紐西蘭北島最大的城市奧克蘭（Auckland），是由五十多個島嶼組成，因為奧克蘭的東西兩岸都被海灣環抱，無論身處何地都可以輕易抵達海港，養成當地居民以海為生的習性。

奧克蘭享有「千帆之都」的美譽，帆船幾乎是每個家庭、甚至人人想要購置的「交通工具」，一艘普通的船大約是一部小汽車的價錢，平均每二・七人就擁有一艘帆船或遊艇。這個數字，大概相當於台灣人擁有摩托車的數量吧！

由於熱愛海洋活動，每到假日就能看到奧克蘭的居民三五成群、或是許多家庭相約駕船出港，在船上聚會、海釣、燒烤ＢＢＱ、游泳……，他們視此為一般的平民活動，而不是高檔奢華享受。「船聚」在當地居民的重要性，絕對不輸台灣人的ＫＴＶ或打麻將，別人的休閒是親近大自然的陽光、海水，台灣人的娛樂是關在屋子裡「搞自閉」，不見天日。

奧克蘭還有一項特色。每年一月的最後一個星期一是「奧克蘭紀念日」，也是帆船競賽日，奧克蘭很多港灣都停靠著來自各水上俱樂部、紐西蘭皇家海軍船隊以及眾多私人帆船遊艇，百船齊發競技，場面壯觀盛大。這個一年一度的海上盛宴，更凸顯「千帆之都」奧克蘭的獨特性與重要性。

台灣很會造遊艇，卻不會玩遊艇

熟悉台灣海域的專家指出，因為台灣海峽與太平洋的深淺落差很大，台灣擁有全世界最適合訓練航海的多變化地理條件，但在國際航海比賽中，台灣始終缺席，完全沒有能見度。

台灣雖號稱「遊艇製造王國」，高雄也舉辦了遊艇大展，但台灣的航海運動人口數不多，也沒有真正的遊艇碼頭，整體表現落後，雖然很會造遊艇，卻不會玩遊艇，實在是一大諷刺。

曾有一個論調指出：海島居民比大陸居民更友善。這確實有幾分道理。海島居民海裡來，浪裡去，活動可以向大海無限延伸，養成他們心胸開闊，對人不設防；大陸居民的活動範圍侷限在陸地上，空間被限制，態度較冷漠，一般較有防範心。

TLC旅遊頻道頗具口碑的節目《波登不設限》，主持人安東尼．波登（Anthony Bourdain）走遍世界各地，此位老兄的作風心直口辣，批評事情向來不留情，「我一直不喜歡希臘菜，也根本不想去希臘。」有一回他到了希臘的克里特島，本來對希臘觀感不佳的波登，對當地居民豪邁爽朗的待客之道印象深刻，他們吃飯時會配上傳統美酒、音樂、舞蹈，甚至對空鳴槍。

希臘共有一千四百多個島，波登到了以水產聞名的港都莫尼亞，生吃海膽卵配上檸檬汁，也用橄欖油塗抹麵包，這位出身紐約大都會曼哈頓主廚的旅遊達人，直誇是「海中極品」。當他踏上希臘之旅最後一站札金索斯島，據稱此地以走私聞名，但海鮮質樸鮮美，是當地居民從小到大都喜歡吃的食物。

二次大戰期間，納粹曾把希臘人的食物搜刮一空，導致很多希臘人餓死，但即使受到外來強權的欺侮，希臘人依舊保有堅毅樂觀的性格，他們利用當地生長的一千多種蔬菜，使用最簡單的素材和烹飪方式，熬過那段苦日子。「他們不論從後院摘下什麼，都能做出最美味的菜餚，發展出獨特的地中海美食，」這一趟希臘之旅，徹底改變了波登對希臘人的評價。

賽浦勒斯人說「生活比生意重要」

同樣位處於地中海東邊的南歐小國賽浦勒斯，這個希臘的「隔壁鄰居」地理環境和台灣類似，也是四周完全被海水圍繞的島國。我數次造訪這個只有一百萬人口的國家，對當地居民熱中海上活動留下極為深刻的印象。

賽浦勒斯人民傍水而居，每天看海、聽海、玩海，猶如吃飯、刷牙、喝水，是生活裡非常自然的事。打開家門，不消幾分鐘就走到海邊，即使住在離海較遠的地方，約莫三十~四十分鐘車程可達，走「進」海洋一點都不是難事。

《國家地理雜誌》做過一個很知名的「藍色地帶」（Blue Zone）調查發現，陽光充足或者靠近海洋的國家、地區，人民生活幸福指數普遍較高，包括義大利的薩丁島、日本的沖繩群島、美國加州的羅馬林達、希臘的伊卡里亞島以及哥斯大黎加的尼科亞半島等。

這個著名的研究發現，住在這些海島地區的人們，至少比其他地方的人多活十年以上，罹患心臟病和癌症的比率也偏低，出現百歲老人的機率更比世界其他地區高出十二倍以上。賽浦勒斯就甚具指標性，在世界長壽國中排名第二十九，僅落後希臘五名（排名二十四），超前台灣的第三十九名、美國的四十名。

賽國一年平均有三百多天都是陽光普照，很少下雨，全年平均

氣溫約攝氏二十一度，氣候溫暖穩定。令我吃驚的是，每週三下午固定是當地的小週末，商店提早打烊休息，「因為生活比生意重要，」我的賽浦勒斯朋友、五十七歲的地產商卡魯依努（Christos Calogirou）解釋。

海洋是當地居民的生活重心。位在賽浦勒斯南邊的利馬索（Limassol）是賽國第二大城與第一大港，清晨六點沿著國王濱海大道（Vas. Georgiou Ave.）來回走一遍，就已經有許多人泡在海裡晨泳。

賽浦勒斯人民傍水而居，每天看海、聽海、玩海。

到了傍晚更熱鬧，玩沙灘排球、踢足球，還有人玩水上摩托車、水上拖曳傘、風帆、獨木舟……，大概叫得出名字的水上活動，應有盡有。各式遊艇停泊在港邊，大小起碼有五、六十艘；離岸約三、四百公尺的海面上，兩艘快艇從前方快速閃過，尾端拖起滾滾的白色浪花，遠遠都能聽到愉悅的喊叫聲。

利馬索的全民海洋運動

利馬索的海岸線長達十六公里，為了大力推展海洋運動，利馬索觀光旅遊發展公司把一座老舊的遊艇碼頭重新擴建，另外又耗資四億歐元（約一百六十億台幣）興建了一座全新的遊艇碼頭，合計最大容量可以停泊一千五百艘遊艇。然而，「這只是起步而已，未來還有很多擴建項目，讓本地人與外來客有更多的水上資源可利用，」旅遊發展公司公共事務經理史蒂妮阿努（Maria Stylianou Michaelidou）笑盈盈地透露。

二〇一三年夏天，有「小奧林匹克」之稱的「世界青少年帆船大賽（ISAF, Youth Sailing World Championship）」在賽浦勒斯利馬索舉行，共有六十一個國家、超過三百五十名國際青少年選手齊集此地互較高下。這麼一個「小」地方，竟然有能力辦這麼「大」的國際型比賽，我仔細地數了一遍，參賽選手除了來自德、法、英、美、巴西、紐、澳、南非等國，亞洲包括南韓、日本、新加坡、印度、香港、中國大陸等。

台灣在哪裡？我睜大眼睛努力在名單裡梭尋了半天，很遺憾，沒有台灣選手參加！我簡直比樂透開獎更失望。

二〇一二年倫敦奧運，出身利馬索的二十三歲帆船選手帕夫洛斯·龔迪里司（Pavlos Kontides）為賽浦勒斯摘下有史以來第一面銀牌，舉國振奮，帕夫洛斯不但成為賽國的英雄，郵政局並以他的肖像發行紀念郵票。

少數一、兩名年輕選手贏得世界錦標賽，不僅開拓了自己的人生，也啟蒙了一個國家或民族對於海洋人文的態度和觀念。

賽浦勒斯人意識到年輕選手在海上運動的潛力，就像帕夫洛斯一樣，很多小孩年紀很小就開始練習操帆，ISAF 青少年帆船賽國家代表隊的年齡大多在十二～十八歲，其中一名叫做西羅多德（Joseph Herodotus）的十七歲少年，七歲跟著舅舅及表兄妹一起航海，十二歲那年就獲選為國手。

我不禁感嘆，賽浦勒斯青少年縱情於海洋運動的同時，台灣青少年卻被沈重的補習和課業壓力，逼得喘不過氣，失去青春的活力。

賽浦勒斯的小孩很幸運，也很幸福，他們不但有師資、設備、環境，全國到處都有海洋運動俱樂部，父母更不會出言嚇阻「海邊很危險」、「會遇到鯊魚」。經常看到一、二歲的小小孩，搖搖晃晃連路都走不穩，就被大人帶著到海邊。

我親眼目睹一對祖父母站在水深及胸的海裡，把約莫二歲大的孫子像皮球一樣，拋過來，擲過去，即使不小心失手讓小孫子掉進水裡，嗆了幾口水，祖父母絲毫沒有驚慌失措，把小孫子從水裡拎起來繼續當球玩耍，祖孫三人笑鬧成一團。

卡魯依努回憶，在他兩歲的時候，父親帶著他學游泳，父親把手掌心放在他的腹部下，支撐他的身體，教他練習漂浮、打水和換氣，「當他的手掌感覺我的肚子很輕，就知道我已經掌握了漂浮的要領。」後來，等到卡魯依努自己當了父親，也如法泡製教會了兩個小孩。

利馬索隨處可見的海洋運動中心，招生簡章上列出各種課程，水上摩托車、拖曳傘、獨木舟等，強調這些活動大都很簡單，很容易操作，適合各種年紀。譬如水上拖曳傘三歲就可以乘坐，最高能拉到離水面一百五十公尺高……，他們有一句話說得非常精闢，「所有的海上活動，都始於正確的裝備和知識。」

就像開車上路要先熟悉交通規則，民眾因為瞭解水性，知道哪些事可做、不可做，哪裡可以去、不可去。在離岸約三百公尺的水域，有一道攔水堤防，多數海上活動都是在這道堤防內，不會越界。

海邊的活動可以永不打烊

大海有一種無法抵擋的魔力，即使是賽浦勒斯的熟年族，聽到海上活動也都是眉開眼笑，不管身材燕瘦環肥，阿嬤照樣穿上比基尼，快樂戲水。七十三的退休護士蘇菲雅（Sophia Michaelidou Lazaridou）換上鮮豔的泳裝，從住家穿過馬路，走路約十分鐘，位在對面幾棟建築物的後面，就是一片藍澄澄的海洋。蘇菲雅每天早上固定晨泳，已經維持了十年，「海洋就像我身體裡的血液，」她貼切地形容。

很多人誤解，以為海上運動很耗費體力，但很多熟年族學習駕駛帆船，在賽普勒斯比比皆是。五十八歲的建築商喬治（George Messios）是業餘划水好手，也精通風帆，手上已擁有四、五張執照。四月春暖花開季節，我和喬治坐在一棟濱海商場建築物頂樓的咖啡座，隔著落地窗可以看見陽光下地中海平靜的水波，喬治興致勃勃地描述他的帆船經驗，我問喬治在海上馳騁的感覺，他不假思索回答，「感到無比的自由，忘記所有的事。」

為了保持海上划水的平衡感，喬治很努力維持身材、控制體重，一個禮拜至少固定去健身房兩次、健走兩次。聽到我轉述《國家地理雜誌》曾報導美國一名年過九十歲的老先生十分熱中划水，喬治聽了頻頻點頭，用力拍拍他的雙腿，用堅定的語氣說道，「我要讓它們一直划到划不動為止。」

不管在海裡或在岸上，都能與海共舞。我數次造訪賽浦勒斯，每天最重要的例行項目之一，就是早晚到海邊走一圈，即使不下水，站在一旁觀海也十分賞心悅目，擁抱海洋的確可以讓人呼吸暢快，減輕壓力，增進幸福感。

過了晚上八點，天色才真正暗了下來。利馬索在海畔戲水的人潮逐漸離場，濱海大道旁邊的餐廳、咖啡座裡開始聚集人潮，他們聊起生活中的大小事，電視螢幕上播放足球賽的戰況以及各自支持球隊的比數，一直到深夜兩、三點。只要你讓自己醒著，從白晝到黑夜，海邊的活動可以永不打烊。

回到住宿的旅館，我從賽浦勒斯發了一封電子郵件給花蓮的拖鞋教授：「愛上海洋，一點都不難，也不需要任何理由，就從走近它開始。」

大海如何療癒人心

Chapter 06

沿著台十一線從花蓮駛往台東，這條省道堪稱是全台灣最漂亮的海線。左手邊是無邊無際的太平洋，右手邊是高聳的東海岸山脈，在陽光燦爛的晴天駕車行經這條濱海公路，壯麗的海景與山色互相輝映，宛如置身天堂。

「大海永遠看不膩，」五月初一個晴朗的日子，我和拖鞋教授驅車前往台東，參加「不老水手」活動招募說明會。拖鞋教授坐在駕駛座，手握著方向盤，不時把眼光瞥向左邊的窗外，看起來神采奕奕。

不只是拖鞋教授選擇與海為鄰，其實，人的本性，都喜歡接近海。大海可以改變人的性情和心境，不管你是快樂、悲傷、失意、憤怒、憂愁，大海都能讓你找到情緒出口，甚至幫你解惑。

被海洋療癒、為海洋書寫

一路上，我跟拖鞋教授轉述海洋文學作家廖鴻基的故事。出生於花蓮的廖鴻基，小時候功課不好，口才也很差，個性變得很孤僻。三十歲以後，廖鴻基決定上船當漁夫，開始每天和大海對話，讓他的身體及心靈得到慰藉和洗淨，「我看到他人眼裡不起眼的風景、聽不見的聲音，生命若是找不到答案，海浪總是有回音，」他心有所感。

「大海總是讓人驚喜連連，」因為到處走，到處看，廖鴻基得到和別人不同的養分，自從多了這一片海洋世界，也完全改變了他的人生，「當自認無法擺脫宿命糾纏，大海讓你多一點能力，多一點選擇，少一點無助，」他寫下一連串轉變的歷程。

廖鴻基由於體質敏感，剛上船捕魚幾乎都是「一邊嘔吐、一邊做事」，折騰了半年才克服了暈船。漁船的魚撈作業大都在半夜，有時船長去睡覺，留他一人在甲板上，望著深幽的大海，感覺孤身一人，不免自怨自艾地咒罵自己，「要吃魚就去市場買吧，幹嘛一定要搏命演出……。」

漁船入港靠岸，廖鴻基偶爾碰到一些昔日的同學問起，「在從事什麼工作？」

「討海，」他回答簡潔扼要。

「嗄？」同學大都用憐憫的眼光看著他。

「奇怪，我又不是從事什麼不正當的職業！」他心裡滴咕。

廖鴻基沒受過專業的文學訓練，但他那時就發願寫一本關於海洋的書，寫出他在海上看到、聽到的討海人生活。五年後完成了第一本《討海人》，本來打算寫完書之後就回到陸地上，沒想到居然得到文學獎，從此欲罷不能，已陸續寫了二十本相關的海洋著作。

廖鴻基從接觸海洋得到很大的慰藉，也常鼓勵年輕人要多看山、看海，看寬的，不要看窄的。而且，愈是想往金字塔的

海洋文學家廖鴻基說：「海這麼寬、這麼深，大海永遠寫不完。」

上層爬，愈是狹窄擁擠，庸庸碌碌了一輩子，恐怕也沒有機會爬到頂端，不如轉過頭來面向大海，反而海闊天空。

離岸下網，在黑潮裡浮泳

尤其，台灣得天獨厚，是黑潮的應許之地，擁有全世界絕無僅有的海域。黑潮平均一年的水溫約在攝氏二十六度，到了夏天會增加到二十八度，廖鴻基帶著東華大學的學生去做航行體驗，也在黑潮浮泳，在離岸約三百公尺的地方下網，一直拉到一千公尺遠，大家穿上救生衣在魚網裡活動，很多學生都意猶未盡，「這輩子沒想到竟然會在黑潮裡游泳。」

全世界的鯨豚約有八十種，台灣的海域大概就有三十餘種；全世界約有二萬四千種魚類，台灣就有二千八百種。廖鴻基因為熱愛海洋，也開始研究海洋生態。在海上當了五年討海人，他終於擁有自己的漁船，便著手海上鯨豚的調查計畫，向人借貸二十萬台幣，自組了一支非常迷你的台灣尋鯨小組，沒想到因此變成鯨豚專家。

一九九七年七月，台灣啟動海上賞鯨活動，廖鴻基擔任四年的海豚解說員，帶著學生去賞鯨，每當鯨豚跳進視線裡，在海上與鯨豚並肩同行，大家總是興奮地歡呼、高喊、尖叫。後來，廖鴻基為了還債，花了兩個月寫完《鯨生鯨世》，不但成為暢銷書，文章並被收錄在國中、小學教科書裡。

「海這麼寬、這麼深，大海永遠寫不完，」有一次聽到廖鴻基談海，他用一貫的輕聲細語說道。譬如，他細心觀察，海豚總是一對一對的出沒，而且幾乎都是母子對，證明海豚是母系社會，父親都是去拜訪其他的家庭。

「每一隻魚都在教我生命的尊嚴，」他發現有些魚會用「自殺行為」把身體沉到牠不該去的深度，寧願死在水裡，也不願被人提上岸死在空氣裡。還有，很多魚都是恩恩愛愛地生活在一起。他的第一篇文章是描述「鬼頭刀」（Dophin Fish）的故事，當漁夫捕抓到一隻鬼頭刀，牠的伴侶會一路緊緊相隨，不棄不離。

廖鴻基筆下的鬼頭刀有感情、有哀怨，也有眼神。但他也因此曾被別人取笑「想像力太豐富」，他平靜回說，「如果你眼裡只有海鮮文化，沒有海洋文化，當然看不到魚的表情。」

我一口氣講完了廖鴻基的故事。當天的話題，我們從「魚的表情」很自然地轉到了拖鞋教授甚少談到的一對兒女：兒子辰帆與女兒曉帆。

辰帆與曉帆

拖鞋教授面帶微笑地透露，「辰帆不但在七歲就能看懂魚的表情，甚至還能分辨出一隻螃蟹有沒有交配過。」

「嗄，小小年紀，他怎麼能看得出來？」我驚訝無比。

拖鞋開始滔滔敘述，辰帆從小就對自然界的生物充滿好奇，小小年紀，常常喜歡聽大人聊一些生物知識，肚子裡裝的東西比一般小孩豐富很多。

有一回，小學一年級的老師帶著全班去動物園戶外教學，指著水池裡的爬行動物說，「小朋友，這是烏龜……。」辰帆立刻糾正老師，「這是綠蠵龜，不是烏龜。」還有一次，辰帆眉飛色舞地跟同學形容，「如何辨認公螃蟹和母螃蟹，以及母螃蟹是否有交配過……。」老師在一旁聽到大驚失色，硬是把他拉到訓導處去訓誡，還特別把家長請到學校當面溝通。

辰帆的個性大而化之、不拘小節，在旁人眼裡常認為他天真無知。七歲以前，辰帆有一段時間跟著拖鞋教授住在美國，直到回到台灣念小學，中文程度和數學能力跟不上同齡小孩，老師問全班，「有誰不會寫自己的名字？」只有他一人臉不紅氣不喘地舉手。有一回拖鞋教授考他一題簡單的算數：「7+8=？」辰帆哼哼哈哈半天答不出來，反而是小他三歲半的妹妹曉帆，回答得正確無誤。

曉帆和辰帆正好相反，從小就顯現聰穎過人的能力，不僅對於複雜的數學計算比哥哥強，各方面學科表現也都很出色。曉帆在高一以前，拖鞋教授從沒有看過

在拖鞋教授眼中，兒子辰帆從小就是個快樂的陽光男孩。

她的考卷是九十九分，科科都是滿分，「簡單說，他們兄妹兩個幾乎是『天才與白癡』的組合，」拖鞋教授做了一個簡單的比喻。

在一九七〇年代，當時有一本轟動的暢銷書《天地一沙鷗》，主角是一隻酷愛挑戰高難度飛行的海鷗強納森（Jonathan），牠不在乎別人的誤會和眼光，一心追求自己喜歡和想做的事，每天樂在其中。拖鞋教授認為，辰帆的個性很像這隻海鷗，為他取的英文名字也叫做Jonathan，希望他能堅持熱情，不輕言放棄。

辰帆、曉帆後來跟著媽媽去了美國加州，兄妹兩在美國繼續念完中學、大學。辰帆進了加州州立大學聖塔芭芭拉分校，主修他最喜歡的海洋生物。長大成年以後的辰帆，外型樣貌簡直是拖鞋教授年輕時的翻版。他的EQ很好，總是笑臉迎人，十分善體人意，甚至還會主動照顧生病的媽媽。在拖鞋教授眼中，辰帆一直是一個快樂的陽光男孩。

曉帆求學的過程原本很順遂，升上高二以後，卻來了一個一百八十度的大轉彎，變得非常叛逆，名列前茅的成績一落千丈，全部的科目都不及格，學校通知家長，才知道曉帆都沒去上課。那時候，曉帆交了一個男朋友，媽媽逼得很緊，女兒不服反抗，用蹺課消極抵制，母女弄到幾乎決裂。拖鞋教授和曉帆越洋互通電子郵件，得知她打算離家出走，「妳出門在外難免需要用錢，不如先回台灣拿些錢吧？」

拖鞋教授用的是緩兵之計，先把曉帆哄騙回台灣，然後立刻沒收她的護照，阻止她私自出境。父女二人在基隆賃屋而居，曉帆賭氣地把自己鎖在房間裡，足足有半年不肯踏出房門。有一天，辰帆從美國打長途電話來告知噩耗，曉帆的男友在金山大橋因為車禍喪生，拖鞋教授瞞著不敢讓女兒知道，深怕曉帆想不開尋短。那段時間是他們父女關係最惡劣的時期，拖鞋教授壓力大到曾經去看過三位心理諮商師。

後來，父女妥協，各退一步。曉帆回到美國繼續完成學業，自己打工賺錢付學費，大學念了六年，畢業後進入跨國性的會計稅務顧問ＫＧＭＰ亞洲分公司服務，後來又轉調英國倫敦ＫＧＭＰ分公司，經常在歐洲各地出差。

曉帆走過了青春狂飆的階段，就像拖鞋教授常常告訴學生關於放手的故事，將喜愛的小鳥緊緊握在手裡，牠會窒息而死；將小鳥放手飛走以後，牠又重新回到你身邊，才是真正屬於你的。因為拖鞋教授適時地「放手」，贏回女兒的「信賴」，父女的感情也愈來愈融洽，幾乎無話不談。

蘇帆基金會的誕生

但關於這對兄妹的故事還沒有結束，拖鞋教授萬萬沒想到會遭逢更大的生命撞擊：辰帆在二十九歲那年，因為潛水溺斃身亡。

二〇〇八年秋天，拖鞋才剛與辰帆共同寫完了「來自海洋之陸地遊子」，當作父子合作新書的序文。十一月九日，拖鞋教授接到曉帆電話告知晴天霹靂的消息，「辰帆潛水失蹤」。拖鞋教授立即整裝飛到舊金山，五天後警方才尋獲辰帆的屍體，距離他失蹤的地點約兩百公尺，身上仍配戴著所有潛水裝備，包括配重帶、面鏡等，但沒有明顯外傷。十一月二十二日，拖鞋教授為辰帆舉辦了追思儀式，遺體火化處理。

處理完辰帆的後事，拖鞋教授先飛到夏威夷與父母團聚，再回到舊金山處理一些善後，然後搭機回台參加學校的教學會議，最後再返回鹽寮住處，前後總共二十五天。「所有人生之規劃與信念，如同辰帆之骨灰一般，封存於花蓮追夢農場，」拖鞋用了寥寥八百字記錄整個過程，寫下了一句這樣的結語。

二〇〇八年鹽寮的十二月，是拖鞋教授這輩子度過最寒冷的冬天。雖然表面上一切回歸到正常的生活和教學工作，但他始終感覺生命裡出現了很大的一塊「空缺」，常有一股難掩的哀傷。

第二年拖鞋教授決定從海大退休，並由他率隊召集學生，用獨木舟繞行台灣外海一圈，作為自己執教鞭二十五年的「畢業典禮」。獨木舟隊伍歸來，他決定在鹽寮成立「蘇帆海洋文化藝術基金會」（Jonathan Su Foundation），一方面不捨這群學生就此散去，希望提供大家日後聚會的場所，另一方面則是為了紀念那個英年早逝的生命——辰帆。

這是我第一次聽到拖鞋教授這麼完整地談論自己的一兒一女。辰帆的死因，至今仍是一個謎，面對喪子的錐心至痛，他徹底接受了這個事實，並沒有心存不甘地去跟大海講道理、爭是非，因為大海雖然平時很溫柔、平靜，但有時也很蠻橫、暴力。他已很少再提起這件事，因為人生還要繼續往前走，在這座追夢農場裡，無論一草、一木、一磚、一瓦，都需要悉心照顧整理，要忙的事，還很多。

就像航海專家劉寧生說過，「人定勝天」是一句極容易誤導的話，領教過大自然實力的人絕不會妄言「征服」大自然，譬如航海途中遇到暴風雨、登山遇到壞天氣，你恨不得跪下來祈求老天，請大自然「放自己一馬」，「在大海中，你不但接近大自然、敬畏大自然，也愛惜大自然，更體會到自我的渺小，學會謙卑，」這是許多熱愛航海的人共有的深刻體驗。

大海雖然奪走了辰帆，但大海也療癒了拖鞋教授的傷口。我想起讀過的一篇文章，生態心理學家葛林威（Robert Greenway）提出的「荒野效應理論」（Wilderness Effect Theory），當身體與心理都進入荒野或大自然之中，通常會感受到自體（self）的擴展與重新連結，並產生正向的心理機轉，讓身心得到鬆弛，自我得到激勵，生命重新得到能量。

大海是最偉大的荒野

美國老羅斯福總統（Theodore Roosevelt）在一八八四年遭逢喪妻之痛，他傷心欲絕，自我放逐到南達科他州的「惡地」（Dakota Badlands），藉由放牧、打獵、寫作等活動進行身心療癒。惡地拯救了羅斯福，在他往後數十年的從政生涯，矢志以保護山林為職志，也讓他贏得「白宮最偉大的博物學家總統」美譽。

現代航海家卡拉漢（Steven Callahan）把大海比喻為「世界上最偉大的荒野」，他甚至鼓吹，「一趟荒野之旅對於人類心靈的成長與成熟，是必要的，不管那個荒野是遍布著森林或海浪。」面對荒野的挑戰，你才真正明白自己是誰，你荷包的厚度變得無足輕重，你的生存能力才真正測量出你的價值。

卡拉漢經過一場海難，獨自在海上漂流七十六天，幸運獲救回到岸上之後，他心懷感激，認為自己從此過的每一天都是禮物，而不是權利。他也感覺前所未有的自由，任何人、任何事，都不會讓他不安或害怕，「畢竟，還能有什麼比當年的漂流更糟呢？」

海上求生讓卡拉漢明白自己比想像中更堅強，也更有韌性，「大海考驗過我，但也寬容地讓我活下來，」他開始建立有意義的人際關係，也有了新的生活目的，決定用更積極的態度向世人分享大海對他產生的正面影響，繼續探索人生該如何好好活下去。

《天地一沙鷗》的強納森，最後選擇原諒想殺死牠的一群暴鳥，牠甚至轉換心念，更愛鳥群，帶著歡喜的心，回去幫助被放逐的海鷗們如何自由自在地飛翔。

拖鞋教授對舊皮鞋的呼喚

拖鞋教授決定成立蘇帆基金會，把推展海洋教育視為個人終身職志，也頗有異曲同工之意。走到這一步，即使退休避居鹽寮，但人生的責任義務未了，還有很多值得奮鬥努力的目標。他需要去幫助很多正在學飛的海鷗。

二〇一一年，拖鞋教授發了一封公開信給他的「舊皮鞋」學生。

給我最摯愛的學生們：

每年元宵節前後邀約大家在花蓮聚會，已成為我的慣例，對於不克前來之「舊皮鞋」，謹以此文聊表對諸位的懷念。

獨木舟環島活動高潮過後，立下毒誓，必將二十年來所推動的海洋活動編寫成書。歷經二年多的埋頭整理，終於在二〇一一年二月完成出版，感謝眾多舊皮鞋的協助編寫。在書中的序言裡，我一一將諸位列為此書之共同作者，書名為《海洋活動設計》，華杏文化事業出版，請務必花錢買一本來分享我們的成就與喜悅。

退休二年本是深居簡出、閒雲野鶴的生活，終於也按耐不住又重操舊業。今年起在花蓮東華大學授課，課程就訂為「認識海洋休閒活動」，再次有培育愛好海洋活動的「新皮鞋」來加入我們行列之衝勁與喜悅。

值得跟大家炫耀的是，二〇一〇年在一股衝動之下，我拋棄了個人的所有資產，將花蓮追夢農場的產業捐獻出來，成立了「蘇帆海洋文化藝術基金會」，把追夢農場變成海洋休閒活動的基地，並計畫建立起潛水、風帆、衝浪、獨木舟與遊艇等活動之能量，一方面讓她更具有吸引力，做為我們向新一代更年輕的學子推展海洋活動的搖籃，另一方面也希望能和產官學研界有一個共話平台，來擴大我們的視野。但最主要之目的，還是在引誘我所摯愛的舊皮鞋們回娘家，並鼓舞你們成為此基金會之志工群。

於今日與十幾位新、舊志工成員們再次於追夢農場聚會與追夢，我們將把志工群的組織架構、網站與工作企劃建立起來，並以此為基礎持續與你保持連繫，希望你能積極加入我們的行列，將台灣四周之海洋注入我們熱情與活力。

蘇達貞 敬筆 2011.02.26.

蘇帆海洋文教基金會花蓮追夢農場

那一年，被大海改變的女孩

東華大學有名女學生劉佳宜，個子瘦瘦小小，她在大三那年修了拖鞋教授在通識教育中心開設的「認識海洋休閒活動」。學期結束，拖鞋教授給了她全班最高的九十九分。劉佳宜分享了自己的「海洋日記」：

2013.3.31（日）海洋探勘

第一次到蘇帆基金會上課，從木屋觀察海上狀況，發現今天東北風很強，遠遠就看到海浪呈西南走向。一群人來到海邊，海風更強，開始飄起細雨，只能聽老師簡單說明入岸流、離岸流和海岸上石頭的分布狀況，而沒有機會到海邊踏水，從實際觀察漂流木的位置得知，海浪只會將物品帶到岸上，不會將物品帶回海中。

來到花蓮那麼久，初次到鹽寮海邊，除了蘇帆基金會後面的那段沙灘，其他的海岸邊都是綿綿不絕的消波塊，從台十一線想到海邊根本無處可走，有點破壞海邊的美感。

2013.5.5（日）海泳

在上海泳之前，真的有點害怕，雖然自己會游泳，但對於海洋不了解，加上聽聞媒體報導那麼多的海上意外，對於安全有些擔憂。老師在課堂上提到海水和人的密度關係，再加上穿上防寒衣、救生衣，人在海上是較容易浮起來的，但還是怕怕的。

實際在海上漂浮的感覺很舒服，一波一波起起伏伏，猶如在嬰兒床中搖晃。享受完在海上的漂浮，發現我的夥伴們已經離我遠去，只能獨自一人默默游回岸上，但愈游愈沒有力氣，似乎都沒有前進，最後是靠著救生員拉我回到岸上。詢問老師怎麼會這樣，才知道是救生衣的阻力太大，使我無法前進，最後體力耗盡才會在原地徘徊。

第二次下水，一人掛著一個魚雷浮標，經過碎浪區後，感覺後面阻力很大，我趴在魚雷浮標上漂到外海，有許多小魚跳躍在海面上，成員們驚呼「有魚」，過了那個區域後，就風平浪靜。救生員將我們拉回岸上，後端的人負責觀察是否有大浪來，前面則顧著踢水往前，完美配合的一個小組，最後平安回到岸上。

經過這次的海泳經驗，對於海比較沒有那麼害怕了（前提是要有完善的裝備，確保我的人身安全），同時也感受到在海上活動是那麼自在、舒服。當然也喝了兩、三口海水，真的又鹹又苦，眼睛碰到海水也會覺得刺刺的。

2013.6.9（日）海上獨木舟

今天要體驗的是最後一次的海上課程——海上獨木舟，感覺難度會加深很多，也擔心「獨木舟」是要一個人划，我無法在海上負責自己的安全。

一開始聽助教說明，船頭是尖的要破浪；拿槳時，凹的部分要朝向自己；出海時，要將重心往前；回岸上時，要將身體重心後仰……等海上操舟的基本知識。這次和海泳比較不同的是，除了必備的防寒衣、救生衣、珊瑚鞋外，還需要戴頭盔、手套，保護頭和手。

海上獨木舟比較特別的是，當划到浪頂端時，會有向下俯衝的感覺，像是在遊樂場中坐雲霄飛車，頗刺激的，同時也須冒著會翻船的風險。幸好船身很穩，夥伴也很可靠，讓獨木舟體驗很順利的進行。但意外還是發生了，就在我們要靠近岸上時，船身一偏，來不及喬正，浪打過來，翻船了，沒有人員受傷，平安落幕。

賺到了，賺到了，終於學到海上操舟的技巧，真的好開心。海上活動體驗課讓我比較不會畏懼大海了，同時也開啟我想要多嘗試不同的海上活動。很難得能如此親近海洋，這是很值得推薦給同學的一堂課。

一學期的海洋通識教育，改變了劉佳宜。這個年輕女孩後來不但繼續跟著阿德學衝浪，也晉升為蘇帆的志工教練。大四那年，她用打工換宿的方式，獨自走完了全台灣，變得勇敢又獨立。

大海從來不會拒人於千里之外。經過一次又一次面對面的接觸，我們和大海彼此熟悉、瞭解，也摸清了對方的個性、脾氣，更看到自己的缺點與急躁不安。在鹽寮海邊，每天都有不同的故事上演：膽怯的人，在這裡找回了勇氣；失去方向的人，在這裡贏回人生價值；心高氣傲的人，在這裡學會放下身段……。

沿著太平洋左岸的省道十一線，來回無數。無論冬夏，不分晴雨，歡迎到海邊來，大海總是讓你滿載而歸。

班哲明的震撼教育

Chapter 07

自從班哲明（Benjamin Rush）六月出現在蘇帆基金會之後，事情就變得不太一樣，彷彿起了某種化學變化，大家不約而同把討論的焦點放在Ben身上。

Ben在台灣的教育圈是位傳奇人物，原任教花蓮東華大學體育中心，東華大學的學生常在校園內聽學長們談起Ben，他的體育課很特殊，也很操，經常帶著學生攀岩、溯溪、划獨木舟……，從事戶外探險。狗狗（胡凱旋）升上大二那年，本來想選Ben的課，但正巧Ben在那年暑假離開了東華，去了林口國立體育大學。

Ben來自美國中部的田納西州，畢業於曼菲斯州立大學運動休閒管理研究所（HPER-Health Physical Education Recreation）。大學畢業那年，他決定送自己一個畢業禮物——到中國自助旅行。有人建議他「第一站應該先去台灣」，Ben接受了建議，來了台灣，也去了太魯閣。台灣讓他讚不絕口，與這塊土地一見鍾情，從此解下不解之緣。

說自己是原住民的老外

Ben三十歲到台灣定居，這輩子待在台灣的時間比美國還多，「台灣的景色太漂亮了，」有人把台灣比喻成「亞洲的紐西蘭」，他深有同感。花蓮是他最喜歡的地方，有山、有海、有峽谷，「從市區任何一個地方到海邊，最多不過三公里，」他舉例，他在美國的家鄉田納西州，到最近的海邊北卡羅來納州，約有一千多英里，車程需要兩天。從田納西曼菲斯市飛到阿拉斯加，也需要十三個小時，距離非常遙遠。無怪乎，他對於台灣的好山好水流連不已。

Ben的個頭中等，一百七十五公分，體格精瘦，他有一半亞洲血統，母親是日本人，五官不像一般西方人那樣突出。由於他長年在戶外工作，曬出一身古銅的膚色，混在一群台灣人裡不太容易被辨認出來，除非他開口說「夾著外國腔的國語」，才讓人聽出他是外國人。他已然非常習慣台灣在地的生活方式，有趣的是，當他看到其他白皮膚、黃頭髮的「阿斗仔」，竟然開口叫別人「老外」，口口聲聲強調自己是「原住民」。

Ben在花蓮住了很久，這是他第一次造訪蘇帆，我邀他來幫忙指導學員練習海洋獨木舟，他一口答應，騎著摩托車，如約而至。就像江湖傳聞已久、武功蓋世的高手，很多人只聞其名，不見其人。這天Ben突然現身，蘇帆這批年輕的助教們顯得很興奮，似乎有些不太敢相信。

很多第一次從外地到花蓮蘇帆基金會體驗海上獨木舟的伙伴，還沒摸清楚狀況，根本不知道眼前這個老美是何方神聖。拖鞋教授簡略地介紹了Ben的背景，我又補充說明，有一部紀錄片《極限人生》，就是敘述班哲明在台灣推動冒險教育的故事。

班哲明到訪蘇帆，引起年輕助教們一陣騷動。

我的第一次山野震撼教育

我和Ben相識於二〇一〇年暑假，當時為了撰寫一個「冒險教育」的專題，我和攝影記者從台北專程飛到花蓮採訪Ben，當時他在東華大學成立了一個「台灣戶外領導學校」，我們本來只想站在旁邊「隔岸觀火」，但被Ben硬逼著打鴨子上架，「你們一定要親自嘗試，才能寫出第一手的報導。」

就在我們還摸不清東南西北、也沒什麼心理準備的情況下，甚至搞不清楚到底需要哪些裝備，我和攝影記者跟著Ben的隊伍去溯溪，一路沿著溪水逆行。雖然只是一天的活動，結果災情慘重，我的膝蓋有多處因滑倒或撞擊而產生的瘀青，運動鞋因為泡了一整天的溪水而變成「開口笑」，手錶也因浸水故障停擺送修，以及連續好幾天的全身肌肉痠痛……。這趟花蓮溯溪，貨真價實是我破天荒第一次的山野震撼教育。

花蓮峽谷探險回來，我寫了一篇長達十頁的報導。膝蓋的瘀青及身體的疲勞痠痛逐漸好轉，但許多畫面卻揮之不去，尤其是站在約三層樓高的大岩石上，被Ben督促往下跳入溪水；還有，用兩根繩子從十公尺高的瀑布頂端垂降而下。這些鏡頭，即使隔了好幾年後，依舊歷歷在目。

我的第二次震撼教育，也是與Ben有關。Ben來蘇帆的那一天，我沒料到又被他硬「架」著出海，半強迫式的把我踹去划獨木舟，當下感覺好像是被逼著去送死，心情有點悲壯。事實上，我從未划過獨木舟，甚至連槳該怎麼拿都還沒有頭緒。這一次，我又豁出去了，「要死就死吧，Ben就坐在我後面，至少還有他幫忙『頂』著。」

輕「舟」已過萬重山

划出去的第一個湧浪區，就連續碰到約兩公尺高的三、四個大浪，我在驚慌中根本忘記助教事前叮嚀要「屈身低頭」的動作，迎面而來的浪力量很大，我的身體和頭頸被浪打得向後仰倒，我以為會翻船落水，但奇蹟式地，祖師爺級的Ben熟練地把獨木舟划出湧浪區，「嘿，沒事，我居然好端端地坐在舟裡！」我暗暗慶幸。

一路上，我聽到Ben在後面拚命催促我，「划！划！划！」我手忙腳亂地揮著槳，根本顧不到岸上教練們教的那一套要領，槳能碰到海水就覺得很偷笑了。划了一段距離之後，我回身一望，乖乖，輕舟已過萬重山，距離海岸大約五百公尺，我不敢相信居然划得那麼遠，岸上的人都變得好小、好小。

Ben穩健地控制舟行的速度和方向，有時候他會停下來糾正我的動作，指出我的重心偏移，肩膀不該晃動……；但在那個當下，我只擔心著千萬不要翻船溺水，我心裡默禱，「我要活著回去！」

大約在原地橫向划行半小時，Ben問我，「要不要回去？」我回說，「好」。我們往岸上的方向划行，可以清楚感覺愈接近岸邊，浪愈大。因為海浪都是從身後打過來，根本看不到浪的高度，眼見已靠岸在望，一個大浪壓下，我和 Ben 都摔進水裡，我慌得半死，幸好沒有被海水嗆到，站在岸邊監督的拖鞋教授衝過來，一把將我拉起。我上岸後驚魂未定，腦袋嗡嗡一片，只聽到拖鞋教授跟我講了一句，「這次妳真是值回票價了！」

Ben 點名輪到「切膚之愛基金會」執行長詹麗珠下水。詹姐因為前面一趟出海不順，在湧浪區翻了一次船，嚇到腿軟，大聲喊著說，「不要！不要！」Ben 不予理會，也是半強迫地把詹姐架著出海，我看到詹姐的表情幾乎快哭了。

永遠不要放棄任何一位學生

這次，他們很順利地越過每一個浪頭，終於划到在外海待命的警戒船位置，Ben 停下槳，問詹姐一句話，「妳是老師嗎？」

詹姐覺得詫異，回說「是」。（詹姐任教於台中科學及朝陽科大）

「記住，永遠不要放棄任何一位學生。」在太平洋裡，Ben 不忘替詹姐上了一課，帶給她非常大的啟示。

當天，包括幾名蘇帆的教練在內，幾乎個個累得虛脫，只有 Ben 愈戰愈勇，帶著我們這群菜鳥學員一來一回划舟，估計他起碼划了十趟以上，中途只有上岸兩次補充水分。

好戲尚未落幕。隔天安排的行程是溯溪，又是另一場生命考驗。大家一個一個被Ben唱名，爬上大岩石上往下跳水，望著底下滾滾溪水，有人發抖，有人嘔吐，也有人嚇哭了。我想到三年前那個場景，舊事重演，杵在那塊岩石上，我掙扎猶豫了很久，最後還是咬牙跳了兩次水。

從六月那兩天的獨木舟和溯溪回來之後，每個人都對Ben的震撼教育感受強烈，他們紛紛在網路上分享心得，不約而同指出：「從原本的恐懼遲疑，到後來的躍躍欲試，都順利完成在太平洋划獨木舟和岩石跳水的體驗，更覺得自己被剝掉一層恐懼的外衣，真是太難得的經驗。」

把每個人的潛力逼出來

Ben掀起了一陣旋風，大家持續熱烈討論了好幾天。幾名蘇帆的助教生動地描述Ben如何在海浪中單邊划槳側行，顯然這是一個十分高階的划槳技術，大家都見識了Ben厲害的一招。

Ben雖已年過五十，依舊精力過人，水裡來，浪裡去，翻滾爬跳，樣樣都行。體能體力超好，好像永備電池，永遠不喊累，也不會斷電，大熊、狗狗、阿志、阿丙……，這些蘇帆的年輕小伙子，個個都不如他，人人甘拜下風。

剛從東華大學畢業的大熊（陳柏維），就在準備打包回高雄的前兩天，沒想到居然可以和 Ben 一起溯溪、划舟。隔天，身材超過一百八十公分的大熊在臉書留言：「玩得很瘋，真的太爽啦！跟東華傳奇 Benjamin Rush 溯溪，人超好，不過會一直逼你 XD（大笑），帶你走一些奇奇怪怪的地方，最後結束一句『這才叫溯溪』，帥翻！」

就連自詡「海洋一代宗師」的拖鞋教授，似乎也被感染了。拖鞋教授一向是學生眼中標榜「愛的教育」的好老師，但他從旁觀察 Ben 的「斯巴達式教育」，則是另一番不同的境界，硬是把每個人的潛力徹底逼出來。

這就是體驗式冒險教育的精髓，強調打破個人的「舒適圈」，從挑戰極限中發掘潛能，產生正向的心理機轉，達到自我激勵。

「這叫做『tough love』（嚴厲的愛），」Ben 解釋他的教學理論，雖然他與拖鞋教授的出發點同樣都是「愛」，但他的方法較為嚴苛，會一直積極督促學生不要保留、盡可能去嘗試，並引導他們超越恐懼，「一定要能掌握那個 breaking point（引爆點），而不是硬把他們給推下去，」Ben 用一貫快節奏的語調說道。

絕大多數的人都喜歡待在自己熟悉的舒適圈，但根據心理學研究分析，一個人若是過度強調安全會讓靈性死亡，變得自我設限，不思圖變，愈來愈封閉保守；唯有不斷地接受新事物的挑戰，才能

東華大學的東湖，是學生水上訓練活動的場地。

擴張個人領域，讓生命更豐富。

經過一番沉澱思考，拖鞋教授決定參考冒險教育的概念，把推廣「海洋冒險教育」設定為蘇帆的宗旨。這和拖鞋教授努力大半生極力破除的「恐水教育」，精神不謀而合。海洋冒險教育的理念是「以認識、親近、喜愛的思維，來打破以往無知、禁忌與恐怖的海洋印象。」台灣有百分之八十以上的民眾怕水，但只要做好防護措施，穿戴正確的裝備並具備基本的海洋常識，在海裡從事活動很安全，海洋一點都不可怕，都是自己嚇自己。

「休閒」本來有自我提升的意義

拖鞋舉出一九九〇年美國伊利諾大學社會學者凱利教授（John R. Kelly）對休閒所提出的定義：「人在自由時間、自由意願之下，所從事的自我提升的行為。」而所謂「自我提升的行為」即是在「擴展舒適圈」，因此休閒與冒險基本上是一體的兩面，是同義詞而非反義詞。

「休閒」的哲學思想起源於西元前五百多年，以亞里斯多德所提出的主張「生活的主要目的，是利用自由時間從事知識、音樂、哲學、宗教、運動、冥想與教育等行為，來達到自我發展。」最具有代表性。

文藝復興時代的哲學思想，將休閒視為生活當中提供心理與生理平衡的行為，這個時期的休閒行為以繪畫、音樂、文學、科學、宗教最為活躍。

西元一千五百年的宗教改革運動，出現了「工作倫理」的哲學思想，生活的重心變成「為生存而努力工作」，休閒被視為「努力工作獲得生存後，剩餘的時間所從事的調劑身心的行為」，這個時期，休閒幾乎跟無所事事畫上等號，成為一種有罪惡觀感的行為。此種哲學思想影響迄今，現代人大多都仍存有「工作是為了休閒」的思想。

西元一九二〇年美國人亨利福特提出「商品化休閒」（Merchandised Leisure）的思想，休閒變成一種消費，對應於工作是一種生產的資本主義式的消費經濟型態，休閒慢慢和現代的「觀光」、「旅遊」、「娛樂」、「遊戲」、「運動」、「競技」等活動相結合。原本強調精神層面的休閒意境，逐漸被強調物質享受的活動所取代，休閒逐漸被定義為「釋放工作的壓力、解除生活的單調無聊和製造快樂的商品」。此種商業化的休閒，往往被從事休閒活動經營管理者濫用，做為判定一個國家的富裕與文明指標，分析一個人的經濟實力與教育程度的依據。

拖鞋教授贊同凱利教授對休閒的見解，認為休閒是人在自由時間（free time）、自由意願（free will）之下，所從事的自我提升的行為，這個思維跳脫了商品化休閒之束縛，應是較為廣泛與貼切的定義，可以被現代人所接受。

冒險教育崛起於七〇年代

冒險教育則是崛起於一九七〇年西方歐美國家，原本是野外訓練的項目之一，生態心理學家葛林威（Robert Greenway）率先運用這個概念，在索諾瑪大學（Sonoma State University）開設一系列的冒險課程，起初是三～四週的短期訓練，後來則延伸為二年的課程，參加者包括助理教授、研究生、心理治療師、精神科醫師以及野外指導員。這些學員有六十六％的男性及二十％的女性，為了挑戰自己而參加訓練。

葛林威事後並發表了一份研究報告：九十％的學員表示，冒險之後對生命的感受力更強，覺得過得更好，也更有能量；九十％的學員也提到，冒險經驗讓他們戒除某些癮頭，包括香菸、巧克力及其他不當食物；七十七％的學員冒險回來後，生命出現重大改變，包括人際關係、工作、居家、生活形態等。

一九七〇年以後，美國的醫療界也把冒險教育的概念帶進醫院的實務治療中，譬如麻州 Addison Gilbert 醫院的日間病房與費城的賓州州立醫院，曾針對短期住院青少年、成人、藥癮病人做冒險治療；此外，也曾運用在過動症、自閉兒、受暴婦女以及精神疾病患者。

我很難忘記一個鏡頭——Ben 那天讓大家先跳完水之後，他突然對著天空大吼一聲，然後縱身一跳，先來了一個騰空的後滾翻，身體才進入溪水。看到 Ben 靈活的身手，就會讓我聯想到《學飛的男人》書中的主人翁山姆・金恩（Sam Keen），總是在高空繩索上飛來飛去，但金恩直到六十二歲才去馬戲團學當空中飛人，班哲明則是從年紀很小就開始接觸戶外冒險。

大自然把過動小孩，訓練成冒險教育高手

「我從小就被診斷出有過動症（ADHD），老是坐不住，讓大人頭痛，」Ben坦承走上戶外冒險領域有一些個人背景淵源。過動症小孩幾乎都有行為脫序問題，往往被視為「麻煩製造者」，有些大人會讓小孩吃藥控制行為，但Ben的母親堅決反對，她讓兒子適應發展。Ben每天下課沒事，就在外面玩，游泳、騎腳踏車、打球……，盡情消耗發洩精力，玩累了自然就會回家。

Ben的母親觀念先進開明，八歲就讓他加入童子軍，學習如何在野外求生，這些活動通常又累，又辛苦。Ben還記得第一次在海邊露營，睡在沒有帳棚遮蔽的沙灘上，風沙很大，沙子直直吹進了眼鼻口……。當時年紀還小，很不能適應，哭得一把鼻涕、一把眼淚，一直吵著要回家，幸好靠著有經驗的戶外指導員引導，才沒讓他留下負面的後遺症。

Ben從戶外冒險得到很大的好處，簡直是如魚得水。十六歲的時候，他就已晉升為童子軍的指導員。進了曼菲斯大學，他加入學校的XC（crass country）跑步

校隊，這種跑步不是在田徑場上比賽速度，而是專門挑戰一些高難度的山坡草地。

他並利用暑假，連續七年到位於緬因州的「阿卡迪亞國家公園（Acadia National Park）」擔任巡守員（park ranger），這座面積一百九十平方公里的國家公園，有山、有海、有森林、有湖泊，地貌非常豐富，冬天下雪很冷，夏天遊客非常多。管理員的工作就是負責巡視，每天可以騎馬、划船、登山健走……，偶爾也協助遊客，幫忙做一些解說，「這是我這輩子做過最好的工作，實在太酷了，」他念念不忘這段經歷。

大自然把一個過動症小孩，訓練成冒險教育的高手。Ben就是非常成功的範例，而他更不吝把這些經驗，傳承給下一代。

有一個非正式統計指出，因為誤觸法網而被強迫接受感化教育的青少年，約八成都有過動症傾向。ADHD小孩因為注意力無法集中，很難安靜下來，功課大多也鴉鴉烏，跟不上進度，再加上個性衝動，行為不知輕重，經常到處惹是生非。而一般學校的課程大都偏向靜態的知識記憶，占少數體能訓練的體育課結構不夠嚴謹，形式太鬆散，根本「壓」不住這些小孩。

帶學生去戶外冒險，連價值觀都改變

台灣教育界近年也開始嘗試用冒險教育來訓練ADHD小孩，鍛鍊他們的

EQ，增強挫折忍受度。當孩子坐不住了，就帶他們去大自然體驗，去山上、沙漠、激流、野外冒險，而不是把他們通通趕出教室、踢出學校，或者逼他們吃藥降低行為能力，「這是治標，不是治本，」台灣運動教育學會理事長周建智一針見血指出。

英國知名的新生代探險家貝爾．吉羅斯（Bear Grylls）經常出沒在各種窮山惡水之中，挑戰各種不可能的任務，不久之前曾乘坐動力飛行傘，成功飛越世界最高峰之一喜馬拉雅山，他指出，「在惡劣的環境中從事冒險活動，經常讓我感到害怕，也讓我學會管理自己的情緒。」

醫學臨床已證實，從事一些高挑戰性的體能冒險活動，因為需要運用複雜的動作技巧，而且要投入大量的注意力，保持全神貫注，能促進腦部多巴胺與血清素分泌，使得腦部一系列掌管平衡感、時機感、排序、修正錯誤等機制也一一被啟動。

冒險教育也適合個性退縮、缺乏自信的小孩，可以幫助提升自我價值感。

任教台北市立大學運動教育研究所的周建智，近十年不遺餘力在校園鼓吹創意性的體育課，藉此激發青少年的腦力、創造力、學習力與領導力。周建智念國中時混過幫派，到處打架，惹事不斷，功課總是後段班……，曾經讓他很自卑。後來，哥哥逼著他練籃球，上了高職又開始練舉重，從此徹底改寫了他的人生。周建智因為舉重成績優異被保送進入台北體專（台北市立大學前身），畢業後繼續出國深造，拿到佛羅里達州立大學體育教育博士返國。他在台灣推動的探索式創意體育課，還得到教育部創意教師獎。

班哲明則是率先把戶外冒險教育的概念帶進台灣，任教關渡基督書院時，Ben幾乎每個週末都把學生帶到花蓮泛舟、露營、溯溪。後來Ben去了花蓮，又把冒險教育帶進東華大學的體育課，甚至帶著學生出國遠征，到紐西蘭騎自行車二十七天、到美國優勝美地國家公園擔任志工交換上滑雪課、參加聖地牙哥「荒地教育協會研討會」（Wilderness Education Association）以及到尼泊爾攀登喜馬拉雅山等，每一次都讓學生得到正向回饋，連價值觀都不一樣了。

他的辦公場所在山林、河流、海洋

台灣的教育體制在升學主義長期掛帥之下，過去幾乎沒有學校老師去碰觸這個領域，更沒有老師願意帶學生走出去，寧可多一事，不如少一事。拖鞋教授和Ben雖然所學領域不同，但殊途同歸，都在校園裡掀起一陣革命，對學生產生巨大的影響。拖鞋教授帶著學生獨木舟環台，以及近幾年積極倡導「背包客漂洋過海帆遊世界」，用最簡單、環保的材質DIY親手打造帆船，並用「跳島」（接力）方式航行世界，一直在嘗試挑戰極限，打破一般人習以為常的舒適圈。

「離開安穩的陸域，遠離空調冷氣，遠離繁華都會，遠離方便溫暖的屋簷，遠離安逸閒置的暑假，幾乎是逆向而為，這群學生走向偏僻、走向邊緣、走向大海、走向辛苦、走向陽光、走向充滿紫外線、充滿冒險和汗水的日子，」曾共同參與獨木舟環台的海洋文學作家廖鴻基，忠實記錄了這段第一手的文字。

Ben在五十三歲拿到國立體育大學戶外冒險教育博士學位，每天依舊保持游泳、騎腳踏車、跑步二～四小時的習慣，讓體能維持在最佳狀態，「自己當老師一定要帶頭示範，不能輸給學生，」他笑著說道。他目前仍是美國知名的非營利組織NOLS（National Outdoor Leadership School）的資深高階教練，每年暑假都回到阿拉斯加去教授獨木舟課程。

一般人大都傾向朝九晚五穩定的上班族生活，Ben是極少數的異類，他的辦公場所是大自然的野外、山林、河流、海洋。世界很大、很寬，還有很多事值得探索，實在不必劃地自限，那些被認為不可能成功的事，其實並沒有那麼不可能，「當眼界變得愈寬，心胸變得愈廣，也讓我體驗到人生最美好的獎賞，」他神情愉悅地說。

Chapter 08

不老水手勇闖清水斷崖

故事的開始……

這個故事發生在二〇一三年夏天，我們稱它為「不老水手勇闖太平洋清水斷崖」。當天，全國觀眾就透過晚間電視新聞得知這個消息，國內各大廣播、電視、報紙以及網路媒體，第二天紛紛用醒目的標題和版面，報導這八名不老水手，如何以五艘獨木舟成功挑戰清水斷崖。

整件事要回溯到前一年的夏天。那時我屢次聽到拖鞋教授提起，這些年在推展海洋休閒活動時遭受諸多阻力，有時難免覺得受挫無奈。有一天他忍不住又發了一頓牢騷。

「你強調划獨木舟很安全，那麼，上了年紀的人可以划嗎？」我隨口問道。

拖鞋教授沒有直接回答，他先舉了一個他親身經歷的例子，「我曾經把一名坐輪椅的朋友抱上獨木舟，結果他安全地划回來了。」他停頓了二秒後，加重語氣說，「獨木舟活動不但適合老人、小孩、男人、女人，連殘障朋友都可以，絕對稱得上是全民運動。」

「如果熟年族可以飆機車環台走透透，那麼也可以划獨木舟繞行台灣囉？」我加油添醋地追問。

「既然有『不老騎士』，當然也可以有『不老水手』，」拖鞋教授說得斬釘截鐵。

沒想到這番對話激發了拖鞋教授大膽一試的決定，他開始醞釀構思「不老水手清水斷崖獨木舟之旅」，打算邀約十名熟年族來划獨木舟，辦成一次向社會大眾公開宣示的親水教育公益活動。

七月初，拖鞋教授 E-mail 給我的活動企畫案，洋洋灑灑有五、六頁。

「好傢伙，真的是卯起來幹了！」我心裡暗暗喝采。

那麼，該找誰來划獨木舟呢？

來自各地的不老水手

我把腦袋裡存檔的可能人選過濾了一遍，跳出幾張熟悉的臉孔，於是我開始一一打電話、寫信、面訪。

鎖定的第一人選是前「關渡樂齡學習中心」總幹事謝和樹，他一向熱中銀髮族的公共事務，也是終身口琴志工。

「樹哥，想邀請你當『不老水手』來花蓮划獨木舟。誰說熟年族只能種種花、溜溜狗、打打太極拳，可以做的事很多，不老水手活動事關銀髮族的生活品質，於公於私你都要支持，」我連哄帶騙地把大帽子一扣，讓他毫無招架還手之地。

樹哥只幽幽地回問了一句，「不會游泳有沒有關係？」

「當然沒關係，我保證你可以活著回來！」我沒有吹牛，實話

第一次不老水手獨木舟之旅，由八名熟年族勇渡清水斷崖完成。

實說。

隔了幾天，樹哥把報名表傳回來，我高興得想衝到台北淡水河邊放煙火。

第二人選鎖定在台東新蘭灣經營民宿與披薩店的酆裕國（酆哥），他是個不服老的頑童，上山、下海、飆重機、玩水上摩托車，幾乎樣樣都在行。酆哥聽完我嘰哩呱啦的敘述，雖然他有五十肩的老毛病，但沒多說二話，當下就點頭答應。

第三人選是「台東基督教醫院」呂信雄院長，綽號「熊大」的呂院長體格硬朗，週末假日幾乎都在東海岸騎自行車，熱愛戶外運動，是典型的陽光熟年族。我向呂院長提起不老水手獨木舟活動，他不可置信地問我，「在哪裡可以划？我已經找好久了！」

原來，呂院長從小生長在漁村，家人從事捕魚工作，在海邊長大的小孩，對大海充滿懷舊的情感，「妳找我當不老水手，就找對人了！」熊大院長堆了一臉笑容，興高采烈地敘述他的童年漁村經驗。

不老水手前三號人選都已確定，拖鞋教授考慮到風俗民情，自動「請領」了中國人不喜歡的數字，當四號不老水手。一～四號已就位，我又高興得想衝到台東新蘭灣放煙火。

距離正式下水的日期愈來愈逼近，還剩六名不老水手沒下文，我們開始有點心急。八月八日父親節，拖鞋教授受邀到花蓮翰品飯店美侖山扶輪社演講，我特別叮囑他，「花蓮人一定要支持這件事，你至少要說服兩名不老水手回來。」

拖鞋教授的這場演講非常成功，當下就有五名扶輪社友熱烈響應：陳冠竹、劉冠宏、林貴龍、趙香如、呂文通，分別是不老水手五號、六號、七號、八號、九號，其中包括兩名女性出線。「現代花木蘭」不是代父出征，而是勇敢地去追自己的夢想。

行動就是證明，自己是最佳代言人

拖鞋教授原本打算找一名公眾人物擔任代言人，我去接洽了一位開設廣告公司的熟朋友，想拜託他居中牽線，卻踢到一塊小鐵板。

「划獨木舟？那很危險啊！」我那位五十出頭的老闆朋友瞪大了眼睛，露出一臉驚恐。

我很想揶揄他兩句，「XX兄，你每天走在馬路上也很危險，到處都有那麼多車子，隨時可能會被撞倒，發生車禍……；同理，你出國坐飛機更危險，因為總是聽到飛機失事，成千上萬的旅客搭飛機都是在『玩命』！」

我不是故意耍嘴皮，不管開車或開飛機都有風險，唯一的要領是，一定要按照安全的方式執行，汽車駕駛和機師都要經過培訓，還要實地模擬演練，掌握技巧、拿到執照才能上路。甚至連騎腳踏車也是如此，一定要多練習，可能還得經過幾次摔跤，才能逐漸熟悉箇中要領。

「我老實跟妳說，你們這個活動一點都不吸引人！」這家廣告公司的一名女主管坐在會議桌的另一端，冷冷地丟出這句話，表情很不以為然。

我跟這名女主管見過幾次，年齡約莫四十歲，言談舉止十分幹練。我一點也不詫異她的反應，更不會怪她不捧場，並不是所有人都會對同一件事有Fu，就像不是每個人都愛吃辣一樣，但我始終相信會找到志同道合的伙伴。

反倒是我那位廣告老闆朋友安慰我，「如果你們的案子真的不錯，不一定要找代言人，不老騎士沒有找代言人，照樣辦得轟轟烈烈。」

我認為有道理，回去轉述給拖鞋教授，打消找代言人的念頭。

至於第十號不老水手，由紀錄片導演林靜一（Teddy）遞補，他高中時參加童軍團，曾到瑞典划過獨木舟，他對此念念不忘，一直很想重溫舊夢。但因為他只有五十一歲，未達報名資格，只能當備用水手，最後的決定是請他不划獨木舟改搭漁船，為此活動拍攝不老水手的紀錄片。

把這件事，當成人生重要的成就

這十名不老水手，至少有一半是怕海的。至於為什麼怕海？從什麼時候開始怕海？原因多已不可考，大概是有關海難的電影、新聞看多了，下意識就覺得大海很可怕。

一號謝和樹（樹哥）最具代表性。從未下過海的樹哥，刻意提早一天搭火車到花蓮，想在事前多做一些練習。在樹哥從台北出發前，他在高雄的弟弟聽說此事，在他的臉書留言，「你瘋啦！」

認識大海，親近大海，就是這樣一步一步開始。樹哥的想法正確，多一次下海的經驗，對海洋的恐懼就減少一分。兩位教練王翠菱、黃偉倫分別教樹哥如何用槳、扭腰，肩肘的位置該怎麼擺放，以及握槳的力道等等。樹哥表現得很沈穩，努力揣摩並修正教練指導他的動作。

「他像是一張白紙，也是聽話的學生，初學者只要不緊張、不怕水，就已經踏出成功的第一步，」偉倫教練誇獎樹哥的悟性好，對樹哥的「海上初體驗」給了八十分。

趙香如也是勇於追求自我實現的女性，台灣三千公尺以上的百岳，她已經攀登了五十六座。香如在扶輪社聽了拖鞋教授的那場演講，率先舉手報名，不顧家人阻攔堅持參加到底。她很認真地來蘇帆基金會練習了好幾趟，「我是家庭主婦，婚後沒上過一天班，在家相夫教子，我真的很想把這件事當成人生一件很重要的成就。」

劉冠宏在花蓮市主農里擔任里長，服役時是海軍陸戰隊隊員，體格狀況很好，還曾參加過龍舟比賽。拖鞋教授的演講，把劉里長拉回年輕的記憶，也專程來蘇帆基金會練習了一次。阿志教練誇他划槳很熟練，雖然是用手臂推槳，但他推得很有力道，劉里長信心滿滿地跟伙伴林貴隆說，「我一定要拿第一。」

其實，每個人的心裡，都有游出去、航出去的慾望，只是被大環境框得太久了。「海洋是個沒有門的領域，只要你走進它，親近它，永遠敞開著，」海洋文學作家廖鴻基筆下如此形容。他念國中二年級的時候，因為升學競爭被迫從花蓮轉學到台北，離開花蓮北上時經過清水斷崖，他開始嚎啕大哭。每次寒暑假回來，在車窗裡看見花蓮的山、花蓮的海，心裡就唸著，「啊，我的山、我的海……，」總是激動落淚。

廖鴻基後來考回故鄉的花蓮高中，花中圍牆外就是太平洋，他常在海邊看漁船出海，還立志要成為捕漁人，一圓他的航海夢。他在《腳跡船痕》寫下一段文字，「海灘是我從舊世界嚮往新領域的邊界，打開門窗，走出去，歡喜看見一個看似開闊的出口，出海航行感覺如在閱讀，海面的每一波折，都是一頁頁的驚奇，每一趟海，聽見的濤聲都不盡相同，窮盡一輩子也航不透它的每個角落。」

搶在風雨來襲前，出發！

八月二十六日晚上，全體不老水手相見歡，齊集一堂吃喝一陣過後，由Teddy導演開始教唱阿美族的《太巴塱之歌》。拖鞋教授一邊喝著威士忌，一邊扯開嗓門高唱著，「呵嗨呀呵伊呀嗨呀……！」這個晚上，許多人漲紅了臉，對於即將展開的計畫，感覺相當亢奮。

隔天早上八點三十分，蘇帆基金會忙成一團，選手們原訂在上午的記者會結束之後，下海練習操舟，但情況不太妙。教練團緊盯著那幾天的氣象報告，那年的第十五號颱風康芮已在台灣外海形成，氣象局即將發佈海上警報。

研判二十八日清水斷崖划獨木舟凶多吉少，偉倫、小鐵看著氣象圖搖頭嘆道，「浪高起碼六米以上，如果是猛浪甚至高達八～九米，這些水手哪裡經得起這樣折騰，還沒出海就已經翻船了！」

拖鞋教授一臉嚴肅地跑過來問清楚狀況，回到房門口的那張板凳，手裡拿著一杯咖啡坐著發愣，思索著下一步該如何處理。

十分鐘後，拖鞋教授衝回教練們的宿舍，下達指令，「立即通知大家，我們今天下午一點出發，提前挑戰清水斷崖！」

載著選手、工作人員、器材的車隊一路開到清水斷崖，太平洋沿岸陽光普照，波浪如紋，絲毫沒有颱風的跡象。但是，拖鞋教授心裡很清楚，海浪的速度會比風的速度更快，颱風形成的長浪通常提早兩三天到達岸邊，必須趕在長浪未到之前搶灘下水。

下午二點三十分，除了臨時另有要事的九號水手呂文通取消行程，八名不老水手由二名教練陪同，分乘五艘獨木舟下水，起點在台九線 166.4 公里、和仁溪出海口，終點在台九線 178.2 公里、崇德海灘上岸，全程划行距離為 11.83 公里。

與海搏鬥還是以海為伴

清水斷崖號稱台灣八景之一，陽光照射下的太平洋海水，像是千萬顆被放大的鑽石，也像是整片被打破的鏡子，發出亮閃閃的光芒，極為懾人刺眼。

跟著獨木舟隊伍的，還有一艘由「正港水手」江清溪（阿溪伯）掌舵的「金發漁壹號」擔任戒護船。曾跟著阿溪伯一起討海的廖鴻基描述，阿溪伯是個海上傳奇人物，在岸上很少笑容，總是靜默不語，他一輩子在大海中與天氣、魚獲搏鬥，捕魚的動作熟練而完美，每次追問他「捕到的是什麼魚」，他都不回答，只簡單回說，「海底事，識不完。」

這一天，阿溪伯的心情似乎不錯，在戒護漁船上有問必答，甚至可以看到他露齒而笑。船才剛出港，阿溪伯中途撒網，不久就捕到一條約一公尺長的「鬼頭刀」，也讓我們當場見識到阿溪伯深藏不露的捕魚本領。

三點三十分，守在戒護船上的王翠菱眼尖，發現劉里長的槳拿反了，趕緊隔空大喊提醒糾正他。

「House，下槳入水再深一點！」House是陳冠竹的英文名字，她從事房屋仲介業，划舟不忘展露商場女強人本色，下水的那一刻，她只想到「衝啊，豁出去了，死了都不怕！」等到她開始暈船，

跟隨獨木舟隊伍的「金發漁壹號」擔任戒護任務。

一邊吐，一邊划，又很擔心變成拖鞋教授的負擔，心想「怎麼還要划那麼久？」

拖鞋教授和 House 二人共划一舟，一副老神在在的模樣，一邊划著槳，一邊拉高分貝大聲唱著，「呵嗨呀呵伊呀嗨呀……，哈哈，我現在不必喝酒也可以唱了！」緊隨在後的樹哥，也跟著大聲合唱。三天以前，樹哥還是一個從未下過海的生手，現在已完全看不出來生澀，並且愈戰愈勇。

「不要用太多臂力，多用腰力！」透過手上的對講機，翠菱叮嚀另一組獎手香如、熊大。

「好玩，好玩！」熊大向來頗有自信，臉上始終堆滿笑容。

三點五十分，不老水手已划行約一個半鐘頭，Teddy 導演要求船隊放慢速度，準備拍攝幾個集結的鏡頭。四點五分，年齡最長、六十六歲的酆哥，從頭到腳滿身大汗，表情看起來有點吃力，大概是五十肩的疼痛發作，隨行教練阿志立刻接手，帶著酆哥繼續划行。

四點十五分，在岸上指揮坐鎮的安全官小鐵，透過對講機傳來訊息，「戒護船注意，八點鐘方向有海豚出沒。」我們順著方向望過去，果然看見七、八隻海豚在距離約十公尺之外連續翻滾和飛空跳躍，大家頻頻驚呼叫好。

不消幾分鐘，戒護船四周突然出現上百隻亮出背鰭的海豚，在海中規律地潛行，討海近六十年的阿溪伯什麼陣仗沒見識過，竟然也跟著興奮起來，立即加快油門追逐著海豚，頻頻發出讚嘆，「噢，好棒喔！」等到我們發現戒護船已脫離獨木舟隊伍一、二千公尺之遠，才趕緊提醒阿溪伯，「回頭，回頭，不要再追海豚了！」

四點三十分，水手朝前方的位置繼續划行，太陽依舊毒辣，眼睛幾乎都睜不開。戒護漁船上沒有什麼陰涼地方可遮蔽，感覺猶如曬魚乾。Teddy 導演在搖晃的船上一直盯著鏡頭，不時變換位置取景，出現輕微中暑現象。

目標就在前方！搶灘、上岸翻船

五點十分，拖鞋透過對講機宣布，「各位同學，酆哥已領先划到距離終點外海處，請所有船隻往九點鐘方向集結，然後再朝目的地衝刺。」

坐在前方的水手高舉著槳，四艘紅色獨木舟呈一字排開，顯得十分整齊壯觀。

五點二十分，從選手下岸已接近三小時，守在戒護船上的翠菱手機響個不停，都是媒體記者打來詢問，「不是說明天才出海划獨木舟嗎？」「氣象局發佈海上颱風警報，你們還敢貿然出海，現在情況怎樣？」翠菱一一耐心回答解釋。「幾乎所有的媒體都打電話來了！」她低頭檢查未接來電，喃喃自語說道。

五點三十分，岸上已傳出勝利的歌聲，守候在終點的工作人員聚集在沙灘上，遠遠可以看見一支「不老水手」的旗幟穩當當地插在正前方，標示水手搶灘的正確位置；有人拿著另一支旗幟在岸上用力揮舞，引人注目。

五點四十分，拖鞋再次透過對講機宣布，「現在進入最後衝刺，水手各自搶灘！」

酆哥、阿志教練拔得頭籌。上岸時，一個大浪從背後打來，兩人翻船栽進水裡，岸上人員趕緊趨前一把拉起來，帶往安全地區。

留冠宏、林貴龍第二。上岸翻船。

樹哥、阿木教練第三。上岸翻船。

拖鞋、House 第四。上岸翻船。

香如、熊大第五。上岸翻船。

五艘獨木舟最後的臨門一腳搶灘，全部都栽進水裡，無一能倖免，但也都安全上岸。人算不如天算，原本一心想奪第一的劉里長，在最後一段水域稍不留神，竟然和伙伴划到逆流區，被水流帶著走，二人奮力划回航道，結果拿到第二名。

五點五十五分，全體不老水手安全到達目的地。太陽已落在山的後面，天邊出現晚霞。

六點十分，戒護船往花蓮港駛回。Teddy 導演暈船暈得凶，幾乎癱倒。天空出現積雲，稍後淅哩淅哩地開始飄雨。

喔，這才想起來，我們幾乎忘了康芮颱風的事，多慶幸搶先在這一天划完了。回頭向清水斷崖說聲，「再見！」

不是征服，而是臣服於海洋

不老水手一戰成名。第二天，包括電視、廣播、報紙、網路新聞，共有近二十家媒體報導了這則消息。

花蓮鹽寮蘇帆基金會一片喜氣洋洋，正當大家興高采烈翻閱著報紙，一邊高談闊論昨天諸多的漏網新聞，一號不老水手樹哥提了兩袋食材走進來，說是要親自下廚慰勞工作人員。樹哥做了六菜一湯，全部一掃而光，心情好，飯菜吃起來特別香。

八月二十八日的鹽寮，果真風大、雨大、浪也大，岸邊捲起的浪頭，幾乎都是六公尺高以上的巨浪。教練團想試試膽量，鼓譟著拖鞋教授跟著他們一起海泳。

我一旁回應，「你們不知道昨天他已經拚了半條命嗎？」

這些大男生看到拖鞋教授不為所動，逕自換上了防寒衣，手拿浮標、泳鏡，結伴往海裡衝。但小鐵才剛踏出兩步，泳鏡就被一個正面迎來的巨浪捲走，只得立刻一聲令下，「全體撤退！」

沒錯，偉大的冒險家，絕不做冒險的事。這是永遠的金科玉律。

從清水斷崖回來第二天，Teddy 導演終於恢復了元氣，整天都泡在蘇帆基金會裡繼續抓人拍片，利用男孩子們的宿舍充當臨時攝影棚，拖鞋、小鐵、鐿珈、翠菱、阿志……，這些教練一個一個被點名上陣，就連最年輕十八歲的阿木，也拍了一段憤怒少年海邊的吶喊。

當晚的慶功宴上，不老水手輪流上台發表心得感言。

「這是我這輩子做過最瘋狂的事，直到現在想起來，還是很害怕……，」女強人 House 心有餘悸說道。

「這是人生很大的突破，希望這一次的行動能影響改變台灣社會，」拖鞋教授說。從二〇〇九年帶學生獨木舟環台之後，這是拖鞋第一次帶著總數加起來超過五百歲的熟年族下海，對他也是一個全新的經驗。

「一生至少能完成一個夢想，真的很棒，這輩子從來沒想過可以在太平洋上晃蕩蕩，真是爽斃了！」樹哥像個小孩，高興地手舞足蹈說著。

「上岸翻船的那一剎那，心想應該沒事嘛？」熊大不改他一貫的氣定神閒，看到這群人這麼亢奮，熊大和酆哥決定接手擔任「不老水手二班」召集人，二〇一四年再接再厲，邀請大夥在台東海域划獨木舟。

故事說到這裡，暫時告一段落。不老水手划完了清水斷崖，並不是征服了海洋，而是臣服於海洋，享受了一段太平洋之美，「從此以後，你們每個人都是這片海域的守護者——A Sea Guardian，」Teddy 導演做了一個結論。這部不老水手與蘇帆基金會的紀錄片，就叫做《海洋守護者》。

正如同不老騎士帶動熟年族群勇於追夢，不老水手划行清水斷崖也引發了正面效應，產生很多迴響，成為推動熟年族海洋運動的一大指標。是誰說在大海中划獨木舟很危險，這群熱血不老水手用實際行動證明給你看！

偉大的冒險家，不做冒險的事

Chapter 09

航海可以鍛鍊一個人的意志和膽識，但冒險行動絕不是膽大妄為，而是謀定而後動。

很多年前，拖鞋教授留學夏威夷期間聽過一個真實的案例：一九八二年至一九八三年，夏威夷有一名年輕人用單人帆船繞行世界一週，他的冒險之旅最特殊的是，全程不靠岸，不補給，航行途中需要用的水、食物、裝備，都在出發前經過詳細估算後裝載上船。他的航海計畫做得相當精準，大約一年後繞行地球一週回到夏威夷，在入港時剛好喝完船上的最後一瓶水。

當這名年輕人駕著帆船回到夏威夷，引起空前的轟動，記者詢問他成功的秘訣，他篤定回答，「偉大的冒險家，從不做冒險的事，冒險的真諦是『周全的規劃，謹慎的執行』。」

航行的十大危險，有多危險？

乘坐一條船去航行，你認為最危險的事是什麼？

一般人看多了災難電影或新聞，以為航海很可怕。其實，只要事前做好周全的計畫、安全措施與逃生裝備，航海並不會比開車的風險高，也不一定會遭遇危險。

拖鞋教授曾經針對這個問題，慎重其事地做過民調。他先問他的學生：「搭帆船環遊世界的危險是什麼？」他把學生告訴他的答案整理成問卷，再根據這份問卷請一般民眾做答，統計出的結果依序排列如下：

一、海盜

二、颱風

三、鯊魚

四、海嘯

五、缺水

六、缺糧

七、船員叛變

八、疾病

九、撞船、翻船或浸水沉沒

十、迷航、失蹤

令拖鞋教授驚訝，同時更讓填問卷者驚訝的是，當大家開始思索以上的問題時，往往就不再覺得搭帆船環遊世界很危險，約有一半的受訪者會同意：「以目前的科技與資訊，如果計畫周詳、執行謹慎，就不危險。」

另外的四分之一則是比較保守的表態：「大海是無法掌握與預測的，設想不到的意外還是會有，所以還是有風險。」

當然剩下的四分之一就是打死都要認定：「大海很恐怖，航海很危險，搭帆船環遊世界是不切實際的想法。」

以下就是針對這份問卷調查的結果，依先後順序分析，海上航行可能遭遇的危險與應對策略。

遇海盜怎麼辦？

航海與搭飛機一樣，真正的緊急危險大多是「人為」因素。就像坐飛機最擔心被劫機，航行最怕遇海盜。以現代進步的衛星科技而言，海嘯、颱風、壞氣流或者冰山等，幾乎都可以預測或偵測，發生的機率很低。但有沒有海盜，卻不是衛星能夠預知。

台灣第一位航行世界成功的「海洋之子」劉寧生，在他航海生涯中，雖也遇過風浪襲擊，但最令他心驚膽跳的是遇到海盜。有一回他的船隻停泊在新幾內亞的馬旦（Madang）小城海港，五、六名搶匪趁著半夜三點船員都在睡夢中，攜刀械登船搶劫。幸好船上人員反應機警，奮勇抵抗，搶匪未能得逞，倉皇逃脫。

但這件事卻在船員心中烙下陰影和恐懼，後來只好僱請保鏢日夜看守，即使天氣再熱，晚上睡覺也不敢讓門戶洞開。經過這次遇搶，表面上雖已恢復平靜，但依舊讓劉寧生作夢時驚嚇出一身汗。

「這年代航海，海上怕盜，靠岸怕官，」海洋文學作家廖鴻基一語道破，船員最感頭痛的這兩件事。

根據廖鴻基在他的文章中敘述，在新加坡與印尼外海處二百六十浬一帶，有很多小島密佈，同時是海盜猖獗之處。有很多漁船表面上是捕魚，卻是海盜偽裝，甚至於白天是海軍，到了晚上制服一脫，就變成經驗老到的海盜。

有一年，劉寧生和幾個菲律賓籍的水手在呂宋島南方小島採集水芫花，回程時遇到一艘船載著五名荷槍實彈的軍人，這些軍人舉起槍命令他們回岸，並且登上他們的船。

「我們接到情報，你們在從事非法作業，」其中一名為首的軍人開口問劉寧生：「你害不害怕？」

對方要求他拿出「誠意」來解決問題。劉寧生當下瞭解，這幾個軍人擺明是來勒索要錢。最後經過討價還價，付了兩千披索，才被釋放。

後來，透過當地熟識的朋友介紹了憲兵司令給劉寧生，加派了兩名憲兵陪著一起去海上作業，才沒繼續發生勒索事件。令劉寧生啼笑皆非的是，事後又碰到勒索他的軍人，對方居然向他抱怨：「為何要找憲兵，不來找我？」

劉寧生在新幾內亞和菲律賓遇到的海盜還算是「遜咯」，作案手法拙劣。廖鴻基指出，現代海盜的作案手法非常新穎，他們不再靠岸行搶，而是用快艇對船舶，用「速度」和「凶狠」來突襲過往船隻。「不怕風浪，不怕辛苦，不怕離鄉背井，最怕的就是海盜，」廖鴻基轉述一位船長心中最大的憂慮。

當今惡名昭彰「出產」海盜最多的有兩個主要海域，一是新加坡、印尼、馬來西亞一代的麻六甲海峽，此區以菲律賓摩洛人為盜居多；二是靠近索馬利亞的印度洋，幾乎都是當地人下手行搶。

根據真人真事改編的電影《怒海劫》，描述美籍貨輪「阿拉巴馬號」船長里察・菲力普（Richard Phillips）和他的船員遭到索馬利亞海盜挾持，最後由美國出動海豹部隊成功營救的故事。

一如海盜神出鬼沒的行蹤，《怒海劫》的情節非常緊湊，飾演菲力普船長的湯姆・漢克，想盡方法和海盜周旋，當然也免不了一些激烈的打鬥場面，觀眾跟著劇情發展心跳加速，手心冒汗，只見四、五個乾巴瘦癟的非洲海盜，就把一整船的船員掀得天翻地覆。

二〇一二年，一艘丹麥籍的商船也遭遇索馬利亞海盜行搶。但《怒海劫》得到更大的國際關注，因為它是二十世紀美國第一艘被劫持的商船，事件發生在二〇〇九年四月十一日印度洋的阿登灣（Gulf of Adan），而且事後被拍成電影搬上大螢幕，儘管部分船員聲稱，電影故事描述並不完全正確。

英國國家廣播公司（BBC）曾針對索馬利亞海盜做過深入的專題報導，顯見現代海盜已經是有組織、有計畫的犯案集團。BBC的分析指出：

・海盜的年齡一般在三十二歲至四十歲之間，約八十%來自索馬利亞南邊的軍事衝突區；二十%來自北邊較安定的地區。

・這些海盜大都是當地漁民，熟知海事和駕船技巧。

・有些是退休的海軍或退伍軍人，擅長使用武器。

・具有專業背景、熟悉操作現代科技儀器，譬如衛星導航等設備。

・他們使用機動性高的快艇去追逐大型船隻行搶。

・攜帶搶劫的武器大多來自非洲葉門。

即使海盜橫行猖獗，但很多大型船務公司為了降低成本，並未僱請海軍或軍事武裝人員隨船護衛，船公司寧可被搶，事後再向保險公司請求理賠，認為這樣反而比較划算。但如此也間接助長了海盜行為日益坐大，不但危及船員安全，甚至引發國際外交紛爭。

國際海事機構和各國政府並非坐視不管，也逐漸發展出一些因應對策。譬如比利時、加拿大、美國、中國大陸等，都有海軍定期在周圍海域巡邏偵察，必要時也加派軍艦護衛，澳洲甚至成立了一支多國籍的武裝艦隊「Combined Task Force」，專門針對海盜行為進行反制。

颱風和海嘯來了怎麼辦？

航行之前，一定要先做功課，掌握天候變化。網路上就可以依你擬定的航海路線，下載季節風的風速與風向、海流的流速與流向等資訊，並估算出最適合航海的時程。

而且，只要分析過去一百年風、浪、流的最大值，曾經出現的最極端冰、雪、雨，就能預知可能碰到的狀況。以現代的科技來看，不應該再無知的以為，航海途中會遇見不可預知的颱風、熱帶氣旋的暴風、鋪天蓋地的海嘯、排山倒海的大浪以及突如其來的瘋狗浪。

遇到鯊魚攻擊怎麼辦？

「遇到鯊魚攻擊怎麼辦？」這是絕大多數人都會問的問題。

受到電影《大白鯊》誤導，一般人以為只要是鯊魚，就會攻擊人類。其實，這是很大的誤解。很多年後，電影《大白鯊》編導曾經公開承認致歉，他們不應該把鯊魚「污名化」。

「鯊魚到底會不會咬人？」這個問題並不具有科學探討意義，應該是「何種鯊魚在何種條件場合下，最有可能攻擊人類？」

這就好比說一般的狗不會咬人，但咬人的狗卻時有所聞。瘋狗會咬人，本性兇殘的野狗會咬人，被逼急的狗會咬人，餓昏頭的狗會咬人，正在進食的狗會咬人，興奮過度的寵物狗也可能會咬傷牠的主人……。若要說到底哪種狗會咬人，還真是一言難盡。

以前的生物學家認為，鯊魚必須靠不斷游泳避免下沉，所以鯊魚一輩子都沒有睡覺。但根據最近的科學研究，發現鯊魚會躲入洞穴或俯臥於淺水海域的砂地休息，有些鯊魚可能和人類一樣，習慣在固定時間、地點睡覺。

台灣漁民常有非法炸魚的行為，炸藥爆破的震撼力震昏了五、六十公尺圓周內的魚群，甚至遠在數海浬外的鯊魚群也能感受到水的震動、魚群垂死的顫抖，於是爭先恐後紛紛趕來獵食。這時候，漁夫必須迅速潛入海中，一手撈魚入網，另一手架開前來爭奪漁獲的鯊魚群，人鯊在海中爭相撿食撈捕，卻幾乎沒有聽說鯊魚攻擊潛水漁夫的事件。

在沙巴、帛琉等海洋觀光度假勝地，有當地導遊讓遊客站立於水深及腰的海中，一手握住魚餌放入水中，讓鯊魚游來迅速將遊客手中的魚銜走，也沒發生過遊客被鯊魚攻擊事件，連手指頭被咬傷的案例都沒有。

但從這兩項海洋活動來解讀，認定鯊魚不會咬人也太天真。報章雜誌報導被鯊魚咬斷手、咬斷腳、吞進肚內之案例，確實時有所聞。但和狗一樣，除了少數生性較兇殘的野狗外，大部分的狗在正常情況下不會咬人。很多鯊魚攻擊人都是咬了一口手、咬了一口腳之後，就沒有再做出持續性的攻擊，或者乾脆把人吃掉。

這說明鯊魚可能是出於一時驚慌或誤判（以為是一條魚），其中又以衝浪者遭受攻擊的案例最多，極有可能是在捲浪、碎浪段的海域水較渾濁，海浪能量造成海水流動混亂，而衝浪者之浪板又與魚形狀極類似之故。此外，海中的泳者踩踏或划水經過淺水砂石地區，都有可能驚嚇到正在休息的鯊魚，鯊魚基於本能反射性動作反咬一口；而海泳者在海面上嬉戲、抽筋、掙扎、不斷拍打水面等動作，也有可能被鯊魚誤以為是一條受傷的魚。

南非有一種海洋觀光產業，就是帶領遊客進入水中的鐵籠內，和大白鯊近距離接觸，並拍攝與大白鯊互動的畫面。此項活動必須先乘船至大白鯊經常出沒洄遊的海域，一但發現大白鯊蹤跡後，船隻逐漸駛近，再從船上拋出假人，引起大白鯊好奇，大白鯊會繞著假人兜圈迴游，並逐漸縮小洄游半徑，最後大白鯊會鼓起勇氣衝向假人，先用鼻部碰撞試探一下，但往往會失去興趣而想要離去。

這時候，船上的工作人員就會將一大桶、一大桶魚餌和魚的血水倒入海水中，再把海中假人拖回船邊，大白鯊尾隨假人並聞著血腥味來到船邊，佈滿魚餌與血水的海面上，鯊魚因為爭相搶食魚餌而興奮過度，才開始攻擊假人。

遊客則是在水中籠子內目睹（欣賞）這段兇猛殘暴的獵食過程，也適當解釋鯊魚的行為，一般鯊魚在水中發現人類，會先因好奇而接近，小心謹慎的試探，結果大都因發現「不是魚」而失去興趣離開。但若受到誘因或過度興奮驚慌等現象，則有可能發生攻擊行為。

所以「因為有鯊魚存在，不要去航行或從事海洋活動」的說法，就好像是說「因為有可能被狗咬到，所以不要出門走路」一樣，都是太過於杞人憂天。

如果翻船或沉沒怎麼辦？

在大海中若因船隻沉沒或其他原因不幸跌落水中，即一般在專業上統稱的「人員落水（man overboard）」，在沒有及時被其他船上人員發現與及時施救，最好與最正確的作法是：穿著救生衣，維持在原地，等待救援。而不是一般人所認知的奮力游泳尋找陸地上岸。

根據《國際海事海上生命安全公約》（International Convention on Safety of Life at Sea, or SOLAS），準則裡根本就沒有說明如何靠游泳來海上求生這一項。

事實上，一般商船、漁船、海上休閒船舶的人員的海上求生準則是：穿著救生衣，並停留在失事現場等待救援。救生衣的功能主要在於保持漂浮、保持體力，和輔助落水者游泳的必要關聯性並不大。不要游泳是為了保留體力，事實上，穿上救生衣反而會妨礙游泳能力，一般人穿上救生衣，在海上的游泳能力很難超出一節以上的速度。

萬一不幸落水，還有下列幾項極為重要的求生準則：

落水求生準則一：穿著厚重防寒衣物。

一般人在寒冷水域大約五至十分鐘後，身體會產生急促顫抖、心跳明顯增快、呼吸急促的「冷休克」（cold shock）現象，一般會持續三至十分鐘。

水的散熱速度大約是空氣的二十倍，在同樣的大氣溫度與海水溫度相較之下，人在水中喪失熱量的速度，比在空氣中快二十倍。因此，若要減緩失溫，在水中穿著厚重的防寒衣物是絕對正確的，因為厚重的衣服可以減緩皮膚直接接觸海水，尤其在保持身體靜止狀態之下，周遭海水與身體的相對流動速度小，可大幅減少熱量因傳導而喪失。

浮潛或水肺潛水穿著的濕式防寒衣具有保暖功能的原理，就是因為雖然水會進入皮膚與防寒衣之中，但會形成一層水膜，此層水膜因身體熱量而加溫至和體溫相同的溫度，而水膜外層的防寒衣又為絕熱良好之材質製成，所以喪失熱量緩慢，可達到保暖防止失溫的效果。

以往認為，落水後須脫去鞋、襪、外套，以免影響游泳能力，是絕對錯誤的觀念。穿著厚重衣服是保暖防止失溫，若有足夠的時間，穿上厚重的衣物和救生衣，再將隨手可得的毛線帽、鴨舌帽、圍巾、手套等都穿上，對保暖有極大的助益。

落水求生準則二：尋找救生艇筏、救生圈或其他救生浮具。

救生艇或救生筏除了可避免風吹、日曬、雨淋等大自然的摧殘之外，一般均配備有飲水、食物、海上求生道具，以及通訊設備與求救訊號器具，若搭上救生艇筏，可以在海上生活數十日等待救援。

若沒有救生艇筏，落水人員可迅速觀察是否有救生浮圈或其他救生浮具，若海面發現有救生圈位於游泳可達的範圍內，應設法游過去，將救生圈套入位於兩腋之下，背對著風浪吹襲的方向，可避免受海浪噴濺鹽分殘留臉部，甚或吸入口鼻。並將衣領、衣袖、褲腳等處繫緊，防止衣服與肌膚之間的水層流動而散失熱量，兩手交叉於胸前，兩手夾入兩腋下，並將兩腳盡量縮向身體呈捲曲狀態的水中漂浮姿勢，可以節省體力、減少散熱。

落水求生準則三：尋找獲救可能。

一旦冷休克現象消失，隨之而來的是逐漸寒冷失溫，此時個人求生意志力是能否獲救的最大關鍵因素。除了自我保護維持生存機能外，應隨時搜尋是否有獲救的跡象，例如周圍是否有搜索直昇機接近、有過往船隻出現、有海島的蹤跡等，並適時發出求救訊號。

萬一缺水或缺糧怎麼辦？

海上求生人員在沒有淡水補充下，通常無法撐過三天，因此棄船前多攜帶飲水，設法收集淡水就成為海上求生最重要之課題，否則，只能期待下雨或尋獲海草等，要靠老天爺幫忙。萬一無法先準備飲水或收集飲水器皿，儘量減少體內水分消耗，喝海水、喝自己的尿液，甚至捕獲鳥或魚類來吸取他們的血水等，不但沒有解渴功能，反而會讓身體血液的鹽分濃度增高，都不是正確作法。

缺水缺糧準則一：收集飲水。

適當且正確的喝水方法為：第一天，不喝水以節省水資源。第二天以後，保持少量多次的飲水方式。早、午、晚共三次，每日喝水量共約五百C.C.。

呼吸、出汗、流血、嘔吐等，也會喪失水分，不要過分緊張、驚嚇，保持正常呼吸，不需要刻意憋氣，出汗是可以避免的，非必要的運動與體力消耗應適可而止。若有流血現象，就該適時提高喝水量來補充水分。

避免因暈船而嘔吐，一般救生艇事先準備的海上求生緊急袋內，一定會配備有暈船藥，不論是否會暈船都應該服用暈船藥，以防止發生嘔吐。

在救生艇筏內密閉環境中，因呼吸、排汗、體熱等所產生的溫室效應，會使得空氣中的水蒸氣遇冷凝結成淡水的水珠，聚集在救生艇筏的帳棚下，應該適時的用容器收集起來，以增加淡水資源。

缺水缺糧準則二：不吃高蛋白食物。

肉類、魚類等，在人體消化過程中會吸收消耗體內大量水分。除非水源充足，否則食用肉類、魚類，反而容易造成身體缺水而死亡。食用碳水化合物的食物，例如澱粉類的餅乾等，可以補充營養，還能適度的保持體內水分，這就是為什麼一般救生艇或救生筏內，所準備的口糧大都是澱粉類的餅乾，而沒有高蛋白質的肉類。

缺水缺糧準則三：補充淡水的重要性遠大於補充食物營養。

若在海上捕獲魚類或鳥類，在沒有充足飲水的前提下，最好不要食用，尤其一般無鱗、型狀怪異、色彩鮮豔，相對容易被捕捉的魚類，愈有可能是有毒魚類；有鱗片、體型為流線型、色彩墨黑、善於游泳，不易被捕捉的魚，才愈可能無毒。

如果迷航或失蹤怎麼辦？

根據《國際海上生命安全公約》規定，為了強化海上求生的功能組織，國際上已經建立起所謂的全球海上遇險和安全系統（Global Maritime Distress and Safety System, or GMDSS），所有船隻都應裝置所謂的「無線電應急示位標」（EPIRB）或是「搜尋救助應答器」（SART），以便透過全球衛星定位系統，來完成遇險通訊，展開搜索與及時救援。

無線電應急示位標，一般均裝置於船上露天的船舷處，有信號線與船上的航海定位儀相連接，定期自動更新船位資料，在船隻遇難時，啟動此無線電應急示位標後，它會不斷發出船名、船隻之呼號（call sign）、船位、航向、速度等資訊；此訊號由衛星接收儲存，再發送給地面接收衛星通訊的電台，再由此電台轉發給最接近的地面搜救協調中心。

而搜尋救助應答器一般均固定於母船船舷處，在遇難時，可隨身攜帶前往救生艇或救生筏處啟動，若因緊急或疏忽忘記解開救助應答器，在船隻沉沒之後，海水的壓力也會將其固定裝置鬆開而浮出水面。有些母船直接就在救生艇或救生筏內放置搜尋救助應答器，一但啟動後，它會發出 9 GHz 頻率波段的連續信號，在雷達螢幕上顯現出回波。若十海浬左右之海域有過往船隻，其雷達天線高度在十五公尺以上，就可以接收到求救訊號。

棄船前使用無線電話呼救，仍然是最快速有效的方法。在呼救之前，一般會先使用 2182 KHz 或 156.8 MHz 的無線電話警報信號，發出約三十秒鐘，再開始呼救，國際上習慣的呼救內容大致包含：

◆ Mayday, Mayday, Mayday（連續發出三次緊急求救術語 mayday）
◆ This is Formosa Princess, Formosa Princess, Formosa Princess（連續報出船名三次）
◆ Mayday（再發出一次緊急求救術語 mayday）
◆ Formosa Princess（再報出船名一次）

◆My position is xxx north and xxx east（報出船位）
◆Type of Distress（說明遇難性質）
◆Type of Help Needed（說明需要援助內容）
◆Over（通訊結束術語 over）

綜合上述的遇險分析，現今的科技已能充分掌握海況和天候，遭遇颱風、海嘯的機率微乎其微；此外，先進的航海儀器與造船技術，也大幅降低撞船、翻船或浸水沉沒等海難事件，發生率比陸地上的交通事故還低。一言以蔽之，航海幾乎已沒有天災，最可能的只有人禍。

最後得到的結論：帆遊世界不一定是要會游泳的人，也不一定是航海專家，更不是喜歡冒險的人，而是一般的普通人，並且能將海洋知識收錄在日常生活中的人，因為知識其實只是常識的累積，而常識只是日常生活所體驗出來的心得而已。

中年Pi的海上漂流記

Chapter 10

二〇一二年聖誕節最夯的話題之一，就是知名華裔導演李安拍攝《少年Pi的奇幻漂流》（Life of Pi），電影票房在全球各地告捷，李安並以此片一舉拿下奧斯卡最佳導演獎。

少年Pi被觀眾討論最多的劇情是，主角如何在救生船上與一隻孟加拉虎共存，他與老虎在海上漂流了二百二十七天，最後救生船被沖上墨西哥海岸獲救。

少年Pi也引起一些意想不到的漣漪效應。二〇一三年六月三日，南台灣海域發生一件有趣的海上事件「捷克Pi的漂流」。

拖鞋教授一邊開著車，一邊聽著我大聲唸出這則新聞。

捷克Pi自製木筏想橫渡太平洋

捷克籍三十九歲男子馬丁（Martin Posta）來台灣自助旅行三個月，花光了所有的旅費，沒錢買機票回家，最後決定效法李安的電影，用漂流木、保麗龍、帆布等材料，自製DIY組裝了一艘木筏，想要橫渡太平洋前往日本。

不過，馬丁獲救的過程不如少年Pi那麼戲劇性，少年Pi漂流了二百二十七天，馬丁只漂流了一個多小時，就被海巡人員強制帶離上岸。馬丁從墾丁的龍坑出海，划了大約才三浬就沒有力氣了，再加上海流愈來愈強，只好任由木筏在海上漂流了一個多小時，附近的漁民發現向海防報案，「鵝鑾鼻外海有艘破破爛爛的木筏，上面還有個老外。」

海巡隊出動巡防艇前往察看，大吃一驚，「怎麼有人用這麼簡陋的木筏出海？」木筏雖然用繩子繫住，也有帆布裝置，但結構不夠堅固，在強勁的海風拍打下，似乎快要解體。

馬丁身上只有一本護照，現金只剩下台幣三塊錢，木筏上準備了五天份的飲水和食物，沒有任何專業的通訊導航設備，只靠他的智慧型手機上的衛星導航來指引方向。馬丁被救上巡防艇帶離時，要求海防人員順便把他那艘破爛的木筏拖回來，但才拖到一半就「宣告不治」，上面的食物和水也一併沉到海底。

馬丁被帶到海巡隊並沒有因為觸法而害怕，反而覺得訝異，因為在歐洲國家一般人民出海不必報關，可隨時自由進出。但依照台灣的法令，馬丁擅自出海，而且他的護照已逾期，將被遞解遣送出境。

「這下子，終於有人幫他出機票錢了！」我側過頭跟正在開車的拖鞋教授說，我們都哈哈笑了起來，「可見，有人的想法跟我一樣，你們都說我異想天開、痴人說夢……，」拖鞋教授接腔。

「我從來沒懷疑你計畫的可行性，我只是想來親自驗證，而且我樂觀其成、衷心希望你成功。一旦你辦到了，我們才能師出有名，跟著到處玩耍遊歷！」我不太滿意拖鞋教授「一竿子打死一船人」，便連珠砲似地說了一串辯駁。

波蘭Pi航過鱷魚及鯊魚出沒的水域

無獨有偶，還有一則法新社發自澳洲雪梨的報導，一名波蘭籍男子搭乘簡陋的木筏，冒著大風大浪自巴布亞紐幾內亞向澳洲北部一座島嶼航行，經過鱷魚及鯊魚出沒的水域，最後幸運地抵達陸地。

這名波蘭男子出發的時候，當地正好有歐斯華颱風（Cyclone Oswald）過境，當時浪高一．五公尺，風速每小時四十海浬，餘威猶存。他越過托勒斯海峽，被海水沖上位在澳洲與巴紐中間的薩拜島（Saibai Island）的紅樹林中。

「這是我頭一遭聽到，有人設法在暴風雨中搭木筏橫過托勒斯海峽，」澳洲海事安全局（Australian Maritime Safety Authority）的發言人表示，波蘭男子搭乘的木筏用繩子固定著，並不太牢固。他們不鼓勵這種行為，因為當地暗礁、岩石滿布，相當危險，「他能平安回來，實在很幸運，」這名官員說。

「偉大的冒險家，從不做冒險的事，」拖鞋教授手握著方向盤，聽我叨叨地敘述，氣定神閒再度重複一次他的至理名言。

針對這兩則新聞，我和拖鞋教授的對話內容，圍繞著這兩位「捷克Pi」與「波蘭Pi」的「膽大妄行」。其實，在理論上他們是對的——用手機當衛星導航系統，颱風過後的風浪可以增強漂流的速度——但他們的準備太簡陋，失敗的風險相對增高。

沒有人是在海上餓死的？

拖鞋教授是幾乎不會去電影院看電影的人，就算是李安拍的《少年Pi》那麼轟動，本來也不會引起他的興致，但因為很想知道電影內海上求生的情節是否合理，才忍痛花錢去看。

他在大學裡教海上求生課程二十年，自認是海上求生專家，所以當所有觀眾的焦點放在少年Pi和那隻老虎身上時，他完全是以找碴的心態想去「踢館」。

電影中描述海上求生的內容還算合情合理，至少和他所用教科書的教條大致吻合。只是他認為電影太強調食物的重要性，他個人比較執著的觀點是：「海上求生的過程是沒有人會餓死的」。「那隻老虎還真會吃！」是他看完電影後忍不住丟出的一句話。

拖鞋教授對海上求生的標準說法是：

穿著救生衣，保持漂浮在海面，否則三分鐘內溺死。

穿著厚重衣服來保暖，否則三十分鐘後凍死。

尋找海面上的遮蔽物，避免風吹、日曬、雨淋與大自然搏鬥，否則三小時後累死。

尋找飲水，否則三天後渴死。

接下來就靠求生意志（求生意志大於知識，知識大於技術），否則三週內病死或純粹不想活而死。

若沒有溺水、凍死、累死、渴死、病死，大約三週以後才會慢慢餓死。但很少人能在海上撐得過三週，由此推論，海上求生幾乎沒有人是因為飢餓而死亡的。

拖鞋的這番理論，說得對，但也不完全對。

卡拉漢海上漂流七十六天

《少年Pi》的情節也許是虛構的，不過，的確有人在海上撐過了三週以上。根據真人真事撰寫的《漂流》（ADRIFT ── 76 Days Lost At Sea），作者史蒂芬・卡拉漢（Steven Callahan）於一九八二年從歐洲橫渡大西洋到加勒比海，因為遭遇一場暴風雨，獨自在外漂流了七十六天，每天都為了尋找食物而奮戰。大概才漂流到第六天，他就已經飢餓難挨，勉強撐到第十三天，最後是靠著徒手捕捉鬼頭刀和砲彈魚來維持生命，一直到他獲救為止。

卡拉漢的故事被視為極少數的奇蹟，寫下人類挑戰海洋的一項紀錄。李安在籌備《少年Pi》這部電影的時候，卡拉漢的遭遇給了他不少拍攝的靈感，李安並親自邀請卡拉漢擔任顧問，指導很多影片的細節。

話說回來，拖鞋教授畢竟沒有親自體驗過海上求生的經歷，他提出的論點都是紙上談兵，好像只是在教室裡向學生吹牛似的，於是難免有點心虛，會想「我到底是不是在誤人子弟啊？」

卡拉漢的年紀比拖鞋教授大一歲，發生船難那年，他還不滿三十歲。拖鞋教授則剛過六十歲生日，不知道是覺得已活了一甲子，活夠了還是活膩了，他居然想來個世紀大輪迴，讓自已有喜獲重生的感覺。二〇一三年秋天，拖鞋教授決定親自體驗「中年Pi海上黃金漂流七十二小時」。

中年Pi東海岸漂流記

阿德是第一個聽到這個決定的人，他露出一貫的面無表情。跟在拖鞋教授身邊那麼久，很多事情他早已見怪不怪。

阿德把破舊的海上救生橡皮筏拖出來充氣，找了學生博凱、偉倫等人，一起把拖鞋教授和救生筏拉到外海大約一公里、水深約十五米處錨定。他打算獨自一人在此待上七十二小時。

當他把救生筏內阿德準備好的錨拋入海時，才發覺錨繩好像太短。

「阿德，錨繩好像太短，沒有四十五公尺吧？」

「沒有那麼長的繩子，只有十五公尺，水深也是十五公尺啊！」

「阿德，錨繩要有水深的三倍長，才不會流錨。」

阿德兩手交叉於胸前，再加上一句他的口頭禪：「不可能，不可能，不可能會流錨。」

每次阿德說「不可能」，就是對該事情的結論，不用再討論下去了。

博凱在一旁補上一句：「海上求生本來就不會有錨的。」

博凱是所有學生當中，最會拿拖鞋教授的話堵他嘴巴的，通常會再來一個落井下石。

「阿德，救生筏有點進水，好像有在漏氣耶！」拖鞋教授的口氣，隱隱透露出不安。

阿德又作出兩手交叉於胸前的姿勢，又是一句口頭禪：「不可能。是因為救生筏老舊，充氣太飽可能會爆裂，所以故意沒充飽。」

博凱又在一旁補上一句：「救生筏內有修補工具和材料，漏氣時可以補救的。」

拖鞋教授聽到博凱標準的落井下石的意見，非常不爽了。偏偏一旁的偉倫無俚頭地補上一句：「老師，中午要不要送便當過來給你？」

聽到「便當」這兩個字，拖鞋教授一把無名火升上來，「有沒有搞清楚狀況啊，我是在模擬體驗海上黃金漂流七十二小時，哪來的便當啊？虧我教你們這麼久，海上求生沒有一個人是餓死的，而且是不吃還好，吃的死得比較快……。」

他知道偉倫是好意，怕他餓著，但就是氣得不想再理他們。

佳宜適時說：「老師加油，回來後我們再和老師一起去吃三十二盎司的牛排。」

還是女學生比較貼心，佳宜就是前文提到，修拖鞋教授通識教育課程——「認識海上活動」的學生，拖鞋給她的成績是九十九分。

望著阿德、博凱、偉倫、佳宜四人划著兩艘獨木舟離開，海面上留下他一人在這艘似乎快要沉沒的救生筏上，瞬時間，對自己喜愛的海洋都覺得有些恐怖。

幸好海況並不惡劣、天候也不冷不熱，至少還看得見岸邊溫暖的家，心安了不少。

救生筏流錨飄出鹽寮外海

拖鞋教授開始仔細盤點救生筏內阿德準備的求生道具：一根竹竿、一塊帆布、一捆細繩、一具無線電、一個水杓、一支槳、三瓶礦泉水、三包餅乾。

先用水杓把筏內的積水舀出去，再用竹竿撐起帆布擋一下太陽，用細繩將礦泉水、槳、餅乾等救命物品繫在筏內，防止不慎掉落入海，並將身上濕透的衣服脫下、擰乾、再穿回去，最後環視一下海面上有無漂來可用或可疑的物品。

太陽已經躲到東海岸山脈的另一端，海面起風、海浪變大，救生筏搖晃加劇，任憑他不斷的往外舀水，筏內卻一直保持大約五公分的積水，屁股以下一直都是泡在海水裡。

無線電傳來博凱的聲音：

「博凱呼叫拖鞋，聽到回答，over。」

「拖鞋聽到，請講，over。」

「請報告海面狀況，over。」

「人員正常。海況穩定，over。」

「了解，over and out。」

天色暗下來了，海面上逐漸吹起陣陣的山風，感覺空氣溫度下降很快，再一次將身上已經濕透的衣服脫下、擰乾、再穿回去，衣服馬上又從屁股處吸滿海水，隨著中央岸山脈吹下來的落山風，一起把身上的熱量帶走，用竹竿與帆布鋪在筏內最不積水的位置處，再把全身衣服脫光，墊在屁股下、帆布上，將身體捲曲縮成最小受風面積與浸水部位，閉目養神……。

無線電再次傳來博凱的聲音：

「博凱呼叫拖鞋，聽到回答，over。」

「拖鞋聽到，請講，over。」

「請報告海面狀況，over。」

「人員寒冷，救生筏流錨，離岸邊愈來愈遠，與岸邊相對位置也大約是往南漂移了一公里左右，over。」

「可能是夜間視覺的錯覺吧，因為在岸邊還是清楚的看見救生筏的燈光，over。」

「也許吧，請持續觀察與聯絡，over。」

「了解，over and out。」

流錨情況越來越明顯，救生筏離岸邊愈來愈遠，感覺上已往南漂離二、三海里，幾乎來到鹽寮港的外海。

「拖鞋呼叫博凱，聽到回答，over。」

「……」一片寂靜，沒人回應。

「拖鞋呼叫博凱，海上流錨嚴重，over！」

「……」還是無人應答。

「人員寒冷，救生筏流錨，離岸邊愈來愈遠，與岸邊相對位置大約是往南漂移了三海里，over！」

還是無人回應。

「可惡，博凱居然丟下我，自己跑去睡覺了。」他心裡嘀咕。

但轉念一想，或許是救生筏已漂離太遠，離開無線電的收訊範圍。

開始有失溫的現象，下顎不斷打顫，肩膀不斷發抖，離岸愈來愈遠……。

撐過夜晚，等到溫暖的日出陽光

「偉倫呼叫拖鞋，聽到回答，over。」

半睡眠、半昏迷的狀況下，聽到無線電的聲音。

「拖鞋聽到，over。」

「老師，一切均好吧，over。」

「偉倫，流錨，救生筏已漂離海岸！over。」

「老師，岸邊還是清楚看見救生筏的燈光，應該流錨情況不嚴重吧？over。」

偉倫聽不出拖鞋教授聲音中的急切惶恐，一副無事狀回道。

打起精神，搜尋一下岸邊燈光，的確清楚看見岸邊溫暖的家的燈火，安心不少。

「老師，消息傳得很快，FB上已經在瘋狂傳閱拖鞋Pi的漂流事件了。」

「喔……。」

「偉倫聯絡完畢，over and out。」

「喔……。」

暫時忘了流錨的不安，忘了失溫的恐懼，心想，「一定是昨晚落潮的潮汐流將救生筏漂向南方，而潮汐轉回漲潮時，潮汐流又將救生筏往北方漂。」所以，幾乎是在海上繞行了一大圈，又回到原點。

失溫的現象比想像中嚴重，雖然不再發抖打顫，但心跳明顯加快、呼吸轉為急促，他知道這是冷休克的前兆，必須做出終止這項海上求生的實驗，不然有可能造成身體的永久傷害……。

「佳宜呼叫老師，老師一切都好嗎？老師，滿天星野，老師，再過一小時就日出囉，老師加油！」

「喔……。」

聯絡的居然是佳宜。可能是不想在佳宜面前丟臉，也可能是聽到快要日出了，再撐一小時，溫暖的陽光就會灑遍這片海洋，他打消了中止體驗活動的念頭，決定繼續撐下去。

陽光露出海平面，海水染成金黃，海面氣溫急促上升，終於不再感覺寒冷。逐漸開始覺得炎熱了，趕緊用阿德準備的那根竹竿，撐起那張小帆布來擋太陽，遮陽面積很小，再加上救生筏一直搖晃，改變與太陽的相對角度，效果實在有限，且海面上反射的刺眼陽光，不輸給頭頂上毒辣直曬的陽光，現在起要擔心的是如何才不會曬昏或中暑，相對於昨晚失溫的感覺是身心漸漸的麻木，被太陽曬昏的感覺愈來愈急躁不安。

「博凱呼叫拖鞋，over。」

「聽到啦，over。」

「請報告海面狀況，over。」

「很好啦！」

「陸地上觀測出救生筏流錨，離岸越來越遠，over。」

「所以咧……？」拖鞋教授心想，真是後知後覺。

「請將救生筏划近岸邊，以免失去無線電訊，over。」

「不可能啦……。」

「請說明，over。」

「……」拖鞋氣得不想回答。

「請重複，over。」

「拒絕划槳，不想理你，over and out。」他微微發火說道。

他生氣的把一直揹在身上的無線電丟到一旁，心想，博凱這個學生真是白目，等海上漂流回來，一定要想個點子回整他一次。

上岸即是重生

在海上漂流，會讓人不由得怒氣爆發，情緒失控。《少年Pi》有一幕讓觀眾印象非常強烈，主角經過一連串的海上掙扎奮戰後，對著老天爺大喊，「我向你臣服，我認輸，如果你要取走我的性命，現在就把它拿走吧！」

從十二歲就熱愛航海的卡拉漢，在漂流的過程中也數度崩潰。他坐在漂浮的殘破物品中，筋疲力盡，連續好幾天沒睡，脫水、飢餓而且虛弱，因為營養不良而膚色蒼白，頭髮黏糊糊地在頭上糾結，魚鱗黏在身上，救生筏上沒有一個角落不發出臭味，每一件事都讓他恨死了，他什麼事都不想做，除了握緊拳頭高聲咒罵，「大海，你他媽的混蛋！」

等到宣洩完怒氣，他又開始感謝自己擁有的福分，即使生存條件如此惡劣，但他畢竟還活著。除了憎恨，他也渴望能夠馬上回到陸地，不管要他做什麼，他都願意。有時候，他又陷入無比的悲觀消沉，懷疑自己的判斷力，認為馬上就要完蛋……。就是在如此複雜糾葛的情緒下，反反覆覆，「我手上同時握有兩組籌碼，一組叫做『得救』，一組叫做『死亡』。」他誠實地寫下這段心理轉折。

拖鞋教授真的被曬昏了，不停的用水杓舀海水來澆濕頭部與身體，皮膚已結晶出一層海鹽，心裡不免開始胡思亂想，「萬一我真的就這麼昏死過去，他們來不及拉我上岸……。」

「博凱呼叫拖鞋，over。」

「……」拖鞋教授賭氣不想理他。

「拖鞋，向葵老師從台北趕來，要跟你說話，over」

「喔，請講。」

「老師，您好，我是向葵，您辛苦了，有一位三立電視台的記者正在岸邊，說要採訪你，你可以回到岸上來一趟嗎？」

「好吧，要阿德、博凱划獨木舟出來，把救生筏和我拖回去吧。」他鬆了一口氣，終於找到一個下台階。

的確，求生意志大於知識、大於技術。知識告訴他，阿德和博凱大可用獨木舟載那名記者到海面上來做採訪，無須他親自回岸；憑他的技術也有能力自行起錨，將救生筏划向岸邊。但求生意志告訴他，「我快要中暑了，這是我結束漂流計畫的最佳藉口。」

已經看見阿德和博凱的獨木舟逐漸接近救生筏，他提醒自己要趕快裝出一副若無其事的表情……。

回到岸上，胡亂回答了那名記者的問題，他已記不得到底說了些什麼，只想盡快回到自己的床上，好好地睡一大覺。

經歷這場僅持續二十四小時的漂流之後，拖鞋Pi褪去了全身二、三層的老皮，曬得很慘烈……。

少年Pi漂流二二七天，卡拉漢漂流七十六天，拖鞋教授二十四小時。他們之間除了漂流時間長短的不同，少年Pi和卡拉漢都是被迫漂流，拖鞋教授則是自願。但你若問起他們對漂流的感想，我保證絕對槍口一致：「真的恨死了漂流，你絕對不會喜歡，我寧願永遠不要再來一次！」

好吧，但總要有些正面激勵人生的體悟。卡拉漢描述得很動人，「每一天、每一個困難、每一刻的辛苦，都讓得救之路又向前跨出一小步。」

「重生」的感覺的確是無價之寶，接下來的每一天都是「禮物」。

拖鞋Pi經歷二十四小時的漂流，終於回到岸上。

拖鞋教授的秘密武器

Chapter 11

「為什麼要ＤＩＹ一條船去環遊世界？」

「沒有為什麼，就是很想去，」拖鞋教授回說。

「幹嘛要自找麻煩，買一條船不是更省事？」自從拖鞋教授對外宣布打算親自造船的計畫後，已經數不清有多少人這樣問過他。

「因為，我買不起豪華遊艇，我也不想花錢搭郵輪，不如乾脆就自己造船，」他回答得簡明扼要。

每個人都聽得半信半疑，一頭霧水。有些事是永遠說不清，就像有些人是你永遠無法理解。或許，在某些人心目中，拖鞋教授是一個憤世嫉俗又自鳴清高的頑固份子。

大家都認為「親手造船環遊世界」這件事難度很高。後來，拖鞋教授的說法就有了一套標準版本，「我要證明環遊世界不需要家財萬貫，只需花很少的錢就能行動，而且，自己動手造船符合環保。」

親手打造一條船的感覺就像和某人陷入熱戀。對方每天激勵你，讓所有的事都因為愛人而產生連結，生活有了焦點，朝思暮想，分分秒秒，時時刻刻，滿腦子都是她，幾乎是為了她而活。

其實說穿了，ＤＩＹ一條船就和每個人選擇戀愛對象一樣，各有所好。

帆船是環遊世界最經濟的方法

對於搭帆船環遊世界這件事，他從沒因為無法說服大多數人而氣餒，還是很積極的抓住每一個願意聽他闡述的機會。

他說動了一些人，但他們頂多只是「有期待的旁觀者」，在拋開「很危險」的第一個反應之後，通常會產生第二個反應：「我沒錢，我也沒時間，怎麼可能去環遊世界？」

沒錢、沒時間，絕對不是放棄追逐夢想的原因，充其量只是藉口。歷史上，很多完成環球壯舉的人大都沒錢、沒時間，而且天天在為其他生活目的而奔波。背包客、徒步環世界、騎腳踏車環世界、搭公車環世界、搭順風車環世界……，這些人都不是有錢人，都不是閒閒無事的人，也都不是沒有生活目標的人，而是比一般人更珍惜生命意義，更懂得生活價值。

和這些人相較之下，搭帆船環遊世界反而簡單、輕鬆多了，而且最重要、最美妙之處在於：搭帆船是最經濟、最節約時間的環遊世界方法。

拖鞋教授並不想一個人孤獨的去環遊世界，就像二○○九年的獨木舟環台，一開始就定位這是個團體活動，並且把這支團隊侷限在他的學生群——所謂的草莓族，而不是一群專業獨木舟運動好手——來完成壯舉。後來，當他們再聚會、回顧這群團隊成員時，赫然發覺，能夠堅持到最後完成獨木舟環島的夥伴，幾乎都擁有一個共同點：沒錢，沒時間，沒有特殊的驚人才華，只有追逐夢想的熱情。

「你說不必有錢，那麼，你倒是說說看，帆遊世界到底會花多少錢？」還是有許多人不放棄追問。

「十萬塊台幣足足有餘，」有時候，因為一再被逼問，拖鞋教授覺得有點煩了，隨口說了一個數字。

環遊世界最大的花費不外乎「交通」與「住宿」。食、衣、住、行是人類生活的四大需求，在經濟的觀點上，食和衣這兩樣，居家與旅行幾乎是相同的；但住和行是旅行者必要的額外支出。搭帆船環世界的優點是「帆船既是交通工具，也是住宿的旅館」。換句話說，環遊世界不需多負擔住宿和交通兩項額外支出。

當然，問題在於那艘帆船要從哪裡來？這也正是「ＤＩＹ帆遊世界」計畫最奧妙之處。

拖鞋號——一艘有翅膀的不倒翁

不一定是造船專家才懂得造船。拖鞋教授最喜歡用原始部落族人舉例，南島語系的先民幾乎都是造船高手，當時也沒什麼先進的設備，僅靠著極簡單的工具和材料，就造出能夠遠航的船隻。「假設你待在一座孤島上，過不了多久，你就會懂得如何造船了，」拖鞋教授一半認真、一半開玩笑說道。

湯姆．漢克主演的《浩劫重生》（Cast Away）被稱為現代版的魯賓遜漂流記，最後就是靠著他用極為克難的方式，搭出一條竹筏，成功逃離了那座獨自生活四年的孤島。

拖鞋教授做過研究，注意到搭帆船環遊世界的案例中，十之八九都是自行設計訂做船隻，因為航海者希望帆船的性能與功能，能符合自己的需求與品味。但背後另一個深層的內在原因，一般人比較無法體會，那就是航海者希望能充分了解這條船的每一螺絲釘、每一卡榫、每一隔艙、每一桅桿、每一帆面……，希望充分掌握每一處細節，徹徹底底地認識她。當航海者與帆船一起展開航行，他更能專注地和她共度每一次的歷練。換句話說，他量身定做自己心儀的對象，然後攜手等待著迎向大海的那一日，盡情縱慾的與她在海上談戀愛。

姑且先稱拖鞋教授的這條船為「拖鞋號」。她的外型跟別人的船長得很不一樣，不是一般華麗的流線型，而是四不像，船身旁邊加了翅膀，頭頂上加了風箏，船身甚至還可以潛到海下，講究實用功能，內涵勝於外表。

「拖鞋號」是以促進世界海洋文化藝術交流為目的而設計的帆船，藉由環遊世界之旅與世界各地愛好海洋的人士進行交流。

以上這段話等同在為「拖鞋號」下定義，改用比較白話的口吻解釋，拖鞋號不是以滿足專業航海人士冒險犯難為主要目的，而是鼓勵一般民眾參與航行策畫與實際親自體驗。

拖鞋號的外型是一艘木造帆船，但並非仿古的木造帆船，而是採用現今的科技材質、環保意識、休閒理念、藝術品味，並顛覆傳統造船概念，主要包括三大性能：航行機能、生活機能、安全機能。

拖鞋號的航行機能設計

拖鞋號航行機能設計考量的內容大致如下表：

性能需求	概念	理論與設計	結論
不會沉沒	密度小於水	阿基米得原理	選擇輕的材料
不會翻覆	重心低於浮心	定傾中心定理	將重物置於船底
不會浸水	水密	水密隔艙	設置水密隔艙
不會搖晃	穩定平衡	平衡翼與壓載艙	加設平衡翼與壓載艙
隨風而去	自然力	白努力定理與阻力定理	帆面大、船截面積小

拖鞋號第一個簡單的設計道理：她的重量很輕，比海水還輕。海水密度是 1.03，任何物體密度小於 1.03 是浮體，會浮在海面上；密度等於 1.03 是中性體，可停留於海中的任何深度；密度大於 1.03 是沉體，會沉沒至海底，這就是所謂的阿基米德原理。蘇帆的船體採用木製結構物，木材的密度大約是 0.6。

結論：她因而會浮在水面上。

拖鞋號第二個設計道理：她的重心很低，比船體的幾何中心還要低。當物體的重心比幾何中心（浮心）還低時，該物體俗稱為「不倒翁」，不管你怎麼搖晃，都不會翻覆，她都會回復到原來的最佳穩定狀態。

結論：她因而不會翻覆。

拖鞋號第三個設計道理：外部是木頭結構，內部是由數個金屬箱、或塑膠箱組成水密隔艙空間。傳統木造船必須選取特定材質，採用細膩、繁複、嚴謹的工法達到絕對的水密與強度。拖鞋號的船體外部是一瘦長的大型肥皂箱，內部包覆數個金屬櫃和塑膠盒，使用最簡單的設計、最便宜的材料、最基本的工法，做出最經濟耐用的產品。

因此，她的外部木頭結構不必再講究傳統的緊密銜接水密工法，而且就算木製結構船體因遭受外力而損害，甚或解體，拖鞋號的每一個船艙（金屬箱或塑膠箱）不會浸水，仍然浮於水面上。

結論：她因而不會浸水。

但肥皂箱如何能隨風而去？如何能成為舒適的住艙？

二〇一二年，拖鞋號完成十分之一模型的製作，並在花蓮東華大學的東湖進行實驗，驗證重心、浮心、定傾中心、定傾高度、傾斜角度等船體的基本設計參數。二〇一三年，拖鞋號完成三分之一模型的製作，雖然仍是一艘模型船，但已具備海上航行的能力，並實際在花蓮蘇帆海洋基金會會址附近的外海執行航行測試。

拖鞋號三分之一的設計理念是水線下的船體（骨材加浮材加中央柱台）所提供的浮力，約略等於水線上人員與其他裝置的重量，因為截面積小又穩定度大，達到平衡狀態，前進時，水中的水阻力與興波阻力相對也比一般船體小。

你可以想像這幅畫面：

當坐在拖鞋號使用划槳前進時，宛如直接坐在水面上前進，而船體完全沒入水中；若改用腳踩推進螺旋槳來前進，則有如在水面上騎腳踏車；若改用風帆前進，則有如在水面上放風箏前進；若同時採用划槳、螺旋槳推進器與風帆三種裝置於船體上，可以同時利用這三種方式，或輪流使用其中的一種方式前進。

在經過海上實際測試之後，拖鞋教授和幾位學生集思廣益，大膽而仔細的加入以下的設計：

加上類似釣竿的J帆。

加上類似風箏的S帆。

加上類似翅膀的T帆。

加上類似太空艙的住艙。

然後這肥皂箱就徹底改觀，變成我們所期待的拖鞋號：「她是一艘有翅膀的不倒翁，她飄浮在海面上放風箏，你和我一同坐在這艘不倒翁的肩膀上，隨風而去。」

加上翅膀的飛行獨木舟

何為J帆？為何要放風箏？加上翅膀能否成為真正的飛船飛離海面？而海洋、或者更嚴謹的說，海面下所謂的「內太空」——地球上最後一塊未被發掘的處女地，如何可以進入海底，遨遊內太空？

智慧源起於想像，也被侷限於想像。願有多大，力就有多大。從想而夢，從夢而願。從願而力，這是所有「逐夢者」轉變成「實踐家」的過程。

J帆，顛覆了以往只講究剛性強度而不講究彈性張力的傳統帆柱設計，她的設計道理如同漁人所用的釣竿、釣線，如同汽車車體與輪胎之間的避震器，如同任何一機件構造物所設計的緩衝器。

海釣者都知道，釣魚若只有漁線，缺少了能充分彎曲而不會折斷的魚竿，再強韌的漁線都會被扯斷，再牢靠的魚鉤都會脫鉤，本來已經上鉤的魚，十條有九條都拉不上來。

帆柱是整條帆船的脊椎，以往卻是整艘帆船最脆弱的設計，海上航行往往需要準備一至二根備用帆柱，因為傳統造船理念都在強調強度，都在追求最大的風帆效應。過去的造船材料並沒有現代科技的碳纖維、FRP等高強度、高彈性的複合材料，而且都是在一定風速的假設下去模擬風帆效應，無法模擬與考量風速的瞬間轉變，對帆柱所造成的應力變化與材料疲乏效應。

簡單說，J帆的設計將使得帆柱能發揮如同釣竿彎曲與伸展的緩衝效果，來避免瞬間極大應力而折斷，帆面也會因帆柱吸收了風速變化所造成的震動而更穩定。

至於帆船為何要「放風箏」？就從「衝浪」說起吧，一個人站在衝浪板上隨著湧浪從海洋衝回岸邊，這是海上最賞心悅目的力與美的活動，但必須有適宜的湧浪，且衝浪者只能衝回岸邊，不能平行於海岸線一直前進，更不能從岸邊衝向大海，若想要衝出海岸、要沿著海岸一直向前進，就必須在衝浪板上加一風帆，衝浪板因而成了「風浪板」。

但風浪板活動一定要有風，若海面上無風，就得在衝浪板上擺一隻槳，衝浪者在無風無浪的海面上划槳前進，衝浪就變成了「划浪」。若無風、無浪，也不想辛苦的划槳，那就在衝浪板上綁一個「高空風箏」，或是所謂的「飛行傘」。當飛行傘的昇力與滑翔力拖著衝浪者向海面上前進，衝浪就變成「飛行傘衝浪」。

衝浪板等同是最簡單的帆船船體，將風箏、飛行傘或S帆，加裝在拖鞋號上，讓S帆的昇力與滑翔力拖著船在海面上前進，就成了理所當然且顯而易見的道理了。

拖鞋號加上翅膀能否成為飛翔的飛船？夏威夷的波里尼西亞人在他們的獨木舟上加裝了一根平衡木，然後能夠克服太平洋上的風浪，最終讓他們的航海足跡踏遍整個太平洋上每一座島嶼。當十七世紀的航海家紛紛朝向建造大型船隻來遠渡重洋時，波里尼西亞人卻巧妙地在他們的小型獨木舟旁加一根平衡木，就能克服汪洋大海的風浪，不會翻覆。

航向黑潮流域，脫離陸地思維迷思

其實，人類對於「小船」、「小船加上平衡木」、「大船」三者之間，在海面風浪作用下相對穩定性的抉擇，可以回溯到西元前。

將海洋視同陸地的延伸，或是將陸地視為海洋的盡頭，一直是人類兩種不同的航海邏輯。遠在西元前五百年的波斯與希臘著名的戰爭，就有最經典的海軍擊敗陸軍的真實事蹟。這場「水」與「土」的戰爭，波軍以橋樑連接船隻，以土木覆蓋船面，將船隻作為土地的延伸，將陸地作戰的準則應用於海洋。希臘則是以小型機動快速的船隻，充分利用海洋優勢來迎戰強敵。

這和三國時代的赤壁之戰（西元二〇八年）有異曲同工之妙，曹軍因不諳水性，也是建造大型船隻，再將船隻連結，結果被諸葛孔明借東風，以快速小船衝入曹艦放火燒個精光。波西戰爭與赤壁之戰都是以小博大、以寡擊眾，最後獲得勝利，關鍵在有無深諳水性、充分利用水域優勢的士兵。

拖鞋號是根據海洋邏輯來設計，她從平衡木概念到雙筒船設計，再改良成三筒船，最後以雙翼的姿態從船肚處向外展開，變成一對飛翔的翅膀——T帆，有如信天翁的雙翼，在海面上隨著海浪上下的氣流而滑翔。

拖鞋號並以花東海岸的黑潮流域為其處女航，小而美的設計重現花東海岸先民的航海熱情，讓黑潮的現住民再次專注於發展小型、機動的海上交通工具，而不再迷失於只有蘇花高、蘇花改的陸地思維。

拖鞋號有個生活兼救生的太空艙

拖鞋號隨浪而起伏，隨風而漂流，而我們坐在太空艙內，隨著她遨遊內太空。但究竟何為拖鞋號的太空艙？為何船上的住艙要設計成太空艙？

這太空艙不但是生活起居的座艙，也是操縱J帆、S帆、T帆的控制艙，她就掛在拖鞋號的肩膀上，更是遨遊內太空的潛水艙，也是最後斷尾求生的逃生艙以及海上求生與救生的救難艙，她可以調整成：漂浮在水面、懸掛在水面上或沉沒入水面下。

這太空艙最美妙之處，在於她還可以視個人嗜好與品味，設計成豪華頭等艙或是簡便經濟艙。

這可能已出乎一般人的想像，在所有海上求生的案例中，不論新聞紀事、報章雜誌或電影描述情節，似乎都忽略了主要的海上求生知識、技巧、器材、道具與起居空間。

不過，電影裡有一樣情節倒是真實的，那就是一旦接到棄船指令，人員必然驚恐，在混亂與緊張的情緒下，將無法順利離開底層住艙到達上甲板的救生筏位置，因此大半乘員都隨母船沉沒；幸運來到上甲板救生筏位置的乘員，又往往無法順利登上救生筏；登上救生筏的乘員，也往往無法順利將救生筏吊放入海面；順利吊放入海面的救生筏，卻往往受不了海面上的風浪而翻覆；最後沒有翻覆的救生筏，也因無法順利遠離母船，而隨著母船下沉的漩渦被帶往海底；然後所剩無幾的幸運劫後餘生者，才剛要開始面對最嚴峻的海上求生考驗。

以上的情節是不會在拖鞋號上發生的，因為她的乘員從頭到尾都是居住在太空艙，也就是救生艙內，棄船指令後的唯一動作，就是用一指神功解開太空艙與主體船連接的掛勾，如同解開汽車上或飛機上的安全帶一樣。解開之後，乘員仍是在他所熟習的環境內，只是他原先居住的太空艙現在已經變成救生艙。這是將住艙設計成太空艙與救生艙的道理。

太空艙的設計主要涵蓋兩個基本要素：生活機能、安全機能。

拖鞋號的生活機能需求

隨著拖鞋號飄洋過海，居住在太空艙內的海上航行生活，大致有以下的生活機能需求：

機能需求	物質需求	空間需求	佈置規劃
食	飲水 食物	一日份的食物箱約二公升容器， 三日份之淡水瓶 公升容器	太空艙內僅儲放一日份食物、三日份的飲水，其餘食物與飲水等物品置放於船體內的防水金屬箱內。
宿	保暖衣物 床鋪	防水衣物袋， 站、坐、臥三用的坐位床鋪	太空艙內僅儲放當日所需衣物，其餘衣物等置放於船體內的防水金屬箱
休閒	休閒道具	視個人品味設置	太空艙內僅儲放當日所需休閒道具，其餘道具置放於船體內的防水金屬箱
醫護	醫藥品	簡易個人醫藥箱	太空艙內僅儲放當日所需醫藥品，其餘醫藥品置放於船體內的防水金屬箱

拖鞋號的安全航行需求

通訊與領航、出入港、海洋氣象資訊、棄船、海上求生。

由於今日電子航儀、全球定位系統、電腦資訊科技的普及，航海安全需求已可簡化成只是一套包含無線電訊、GPS電子航儀、智慧型手機、個人電腦系統，然後將此系統放置於太空艙內，即可滿足海上航行的安全需求。

機能需求	道具需求	空間需求	佈置規劃
通訊與領航出入港 海洋資訊 棄船 海上求生	無線電訊與、GPS電子航儀、智慧型手機、個人電腦、太空艙	所有電子航儀均儲放於簡易防潮箱內	放置於太空艙內

不再錯過70%的世界

帆遊世界對於大多數人來說，是離開安逸的家園去某些陌生的地方，聽起來有些夢幻、遙遠、不切實際，或者簡單一點說：「幾乎是一項不可能實現的夢想。」若對這些認為環遊世界「不可能」的多數人說，將環遊世界縮小成環繞台灣一圈，應該就會從「不可能」轉變為「有點可能」，若再縮小航程從花蓮到綠島，答案就應該變成「很可能」。

如果把環繞台灣看成是十次的花蓮到綠島，就等於十次的很可能。同樣的思考邏輯，把環遊世界看成一百次花蓮到綠島的航行，等於一百次的很可能。

只要周詳計畫、謹慎執行環遊世界的每一站，就等於每一次都是嶄新的花蓮到綠島的「處女航」，那就可以得出結論：「『一次的不可能』其實等於『一百次的很可能』。」

ＤＩＹ帆遊世界是絕對的可能，因為只不過是在執行一百次花蓮到綠島的處女航而已。

從不可能到可能，在於「從陌生而畏懼」轉變成「因認識而喜愛」的心態。而認識、親近、喜愛海洋的過程，不就是ＤＩＹ帆遊世界的初衷，這趟人生之旅的意義嗎？

過去的背包客是以雙腿走路，以後的背包客則是乘坐ＤＩＹ的帆船航遊大海。只有陸地生長的經驗與視野，所產生的盲點很容易讓人以為，用我們此生「走」完世界各個國家、各個陸上知名景點，我們將此生無憾。這樣的陸地迷思，讓我們的人生錯失了百分之七十的世界。

只有從海上看過清水斷崖的人才知道：「為何我們生長的這塊土地被稱為福爾摩沙。」

只有親手ＤＩＹ一艘帆船、飄洋過海的背包客才有資格說：「我在此生的確航遍了這個世界。」

乘著夢想出航去

Chapter 12

進入六月盛夏，動輒攝氏三十四、五度的高溫，追夢農場裡白天是蟬叫與小鳥啁啾聲，夜晚則是蛙鳴不斷，每天熱熱鬧鬧。

這一天，除了平時的熱鬧還增加了更多的人氣，因為拖鞋教授過生日，一群年輕小伙子們興高采烈地張羅，有人負責打點食物，有人整理布置環境，還有人動腦想些餘興節目。

拖鞋教授臉上雖然掛著笑容，但偶爾不禁感嘆兩句，「年過六十以後，從當年的『熱血青年』，變成如今的『花甲先生』。」

拖鞋教授算是幸運的花甲先生，年到六十，依舊有夢。拖鞋教授的大夢「ＤＩＹ帆遊世界」，終於在六十一歲正式揚帆啟航。

二〇一四年剛過完農曆春節，網路上流傳一封內容不太尋常的徵人啟事：

《夢想。海洋》紀錄片拍攝計畫暨志工招募

故事從 2009 年說起……

2009 年獨木舟環島的第一天，我們感受到無比震撼！

原來，從另外１８０度的角度來看我們所生長的這片土地，竟然是如此的不同！

只有從海上看過清水斷崖，你才會知道，為何我們所生長的這塊土地被稱為福爾摩沙。

只有在海上環遊過世界的人，才有資格說：「我的確在此生行遍了這個世界。」

當你長期生活在陸地上，你同時也錯失了另外那70%美麗的海洋世界。

轉身後所看到的視界，是如此神秘並值得探索的，

人生，不也是如此?!

《夢想。海洋》將記錄一群人從獨木舟環台到打造帆船的歷程、面對困難的勇氣，

同時見證手造帆船帆遊世界的啟航——從花蓮鹽寮航向日本沖繩島……

歡迎有志青年一同加入，打造夢想啟航，

本次計畫將全程記錄拍攝，期待藉由紀錄片的拍攝上映以及行銷推廣，

達到讓台灣人更親近海洋、讓外國人士更認識這一片四面環海的土地。

招募單位：蘇帆海洋文化藝術基金會

受訓地址：花蓮縣壽豐鄉鹽寮村鹽寮148號

台北辦事處：台北市龍江路223巷24之1號

紀錄片說明：

本紀錄片的拍攝將透過蘇帆海洋文化藝術基金會「2009年獨木舟環島」以及「2014年DIY帆遊世界」兩個主要活動，述說台灣四面環海的現況，以紀實的方式記錄這群熱愛海洋並以海洋推廣為終身職志的台灣人，看他們如何以敬天敬海的心、挑戰自我的精神，完成這項不可能的任務。

志工招募說明：

．招募對象及條件：

※男女不拘，年齡限制18歲以上至35歲以下，熱愛海洋者為優先。

※志願參與此計畫，成為蘇帆基金會志工，配合基金會海上訓練課程（詳見計畫期程）。

．志工工作內容：共同參與帆遊世界DIY計畫、帆遊世界首航人員以及協助紀錄片拍攝工作。

消息透過網路散佈出去，經過口耳相傳，居然超過六十人來報名，包括學生、老師、退伍軍人、獨木舟教練、工程師、業務經理等，都想來探個究竟，好奇心起碼占了一半，當然，也有人懷疑這到底是不是玩真的，還是詐騙集團的花招。

經過第一階段的面試淘汰，以及第二階段的體能測試，最後有十六名入選（十五名男性，一名女性），於二〇一四年五月在蘇帆鹽寮基地展開為期三個月的行前訓練，拖鞋教授稱這群伙伴為「帆遊世界夢想團隊」，並要經過第三關淘汰，最後只有八人能脫穎而出，隨著拖鞋教授出征。

熟年追夢行不行？

當今社會上流行的顯學之一是「勇敢追夢」。走一趟書店就能明顯感受出，那些琳瑯滿目的書籍，有不少作者都是以「過來人」的身份，鼓勵大家「坐而言，不如起而行」，甚至提議辭職去圓夢，但訴求對象都是以二十、三十歲的年輕族群居多。

人過中年，好像漸漸變成無夢的一代，不然就是夢想早已枯死，隨著年齡愈來愈大，跟著瞻前顧後了起來，房屋貸款、兒女教育、工作升遷……，幾乎沒有一樣放得下。

不論是中年大叔、大嬸，或是花甲老翁、老嫗，都被摒除在圓夢的大門之外，猶如失去雙腳，喪失行動的能力，如果不是靠著年輕人「帶」出門，似乎哪裡都去不了。即使有像拖鞋教授一樣的熱血熟年族放言「要去追夢」，不僅年輕人出手阻止，就連熟年族也唱衰自己，「都年紀一把了，別再作夢了吧！」

買下二千萬帆船，帶媽媽去旅行

年紀大了，並不表示不能走出去看世界。韓國有一名年輕人太源晙，寫了兩本《帶媽媽去旅行》，鼓吹年輕人帶著父母去旅行。太源晙與六十歲的媽媽（東益女士）結伴環遊世界三百天，旅途中兩人只靠著身上簡單的背包過日子。

東益女士為了照顧家庭，犧牲奉獻三十多年，幾乎什麼地方都沒去過。旅行歸來，媽媽告訴太源晙，「我活了這麼久，頭一次對明天感到好奇，也讓我找回完整的自己，我不再是誰的老婆、媽媽、女兒⋯⋯，我就是我『自己』。」

心理學界很早就提出，「追夢」是一種自我實踐的過程，可以幫助人格變得更完整，無夢的人生總是讓人覺得有缺憾。

台灣的報紙曾刊登一則消息，家住高雄的五十歲男子姜臨渭，花了二千萬台幣從法國訂購了一艘雙體帆船 LAGOON 450，取名為「My Way」，這是單人駕駛最大的帆船，油料能支撐一千五百海里。二千萬台幣不是小數目，在台北可以買一間還不錯的房子。但姜臨渭不要房產，寧可要帆船，他對記者表示，此生最大的心願是「帶著八十歲的老母親，開著船到處走走」。

十年前，朋友約姜臨渭到加拿大多倫多參觀船展，那時他起心動念，買一條船成為他人生奮鬥的目標和動力。他不是出手闊綽的富豪，只好省吃儉用花了十年存錢，再加上貸款，終於買下這艘船。為了節省開銷，他不但學會帆船維修保養，並且毅然離開原來任職、高薪的科技公司，成立個體戶的小公司，讓自己有更多自由時間可練習駕船。

這個身材微胖的單身漢，是在父親猝世後做了這個重大決定，「希望趁著還有體力的時候，勇敢追夢，錢再慢慢賺回來，」站在恆春的動力帆船碼頭，背後是那艘二千萬的雙體帆船，姜臨渭笑瞇瞇地告訴記者。

看到這則新聞，我從台北發了一封電子郵件給花蓮的拖鞋教授，「又來一個起肖的！」當然，我是開玩笑。這個世界上，到處都有瘋狂的人，想要漂流、想要航行、想要環遊世界，而且不計代價。

讓年過六十的老頭，領你去追夢

一般都是年輕人放膽去追夢，五十歲的「大叔」姜臨渭難能可貴、勇氣過人。至於六十歲的花甲拖鞋教授，主張的是人人可當「海洋背包客」，不需要花上千萬買遊艇，而是自己親手組裝海洋載具，隨身帶個簡單的背包，以徒手划行的方式，用跳島接力就能走遍世界。對沒有經濟能力的人而言，門檻不高，只要有縝密的計畫、謹慎的執行，就能美夢成真。

對於圓夢，這群年輕人各有各的憧憬與想像，為什麼相信拖鞋教授的「海洋背包客」？他們為什麼買單？總歸一句話，關於DIY帆遊世界這件事，畢竟「薑是老的辣」。拖鞋教授帶點得意的口吻自我調侃，「一個年過六十的老頭子，領著十六名年輕力壯的小伙子去追夢。」

舊事重演。一如二〇〇九年那個瘋狂的夏天，拖鞋教授帶著一群學生用獨木舟繞行台灣外海一圈，受到各種質疑、打壓、訕笑；二〇一四年夏天，DIY帆遊世界計畫同樣是「搖頭的人比點頭的人多」。

我曾接到一名關心過度的女士用極為嚴正的語氣告誡我，「你們這位蘇老師曾經有過橫渡大西洋的經驗嗎？如果沒有，憑什麼帶人去環遊世界？你們不可以拿別人的生命開玩笑……！」她在電話裡霹靂啪啦訓了我三十分鐘，我幾乎完全插不上話。

我跟拖鞋教授反應此事，他笑而不答。我回身打量這十六名夢想團隊的成員，有趣的是，他們個個信心滿滿，沒有人認為是準備去送死，「我們要證明這件事是可以實踐的」。總歸還是那句不變的金科玉律，「偉大的冒險家，絕不做冒險的事」。

追夢是用行動，從來就不是用嘴巴。DIY帆遊世界萬事具備，只欠東風——最後階段的手造帆船。十六名成員除了練習操舟、駛帆、體能，其餘時間大多窩在鹽寮基地的討論室，分析模擬各種可能性，從設計、構思、製造、組裝，大家各有任務編組。

來自桃園的王汶昇（小花）帶著佩服的口吻說，拖鞋教授很有創意，「DIY打造一條帆船的夢想」在台灣沒有人想過可以這樣做，一般人想到環遊世界就是坐飛機、坐郵輪、徒步、騎自行車，還有人乘坐熱氣球（電影《環遊世界八十天》的劇情），DIY帆遊世界提供一個全然不同的選擇。

想走一條不一樣的路

夢想團隊的成員，背後都有一些個人的故事。

三十一歲的小花，剛辭掉工作不久，加入夢想團隊是為了釐清人生目標。他不想依循傳統價值過生活，很想摸索走出一條自己的路。

李後璁與李怡臻這對兄妹檔，曾去過很多一般人認為奇奇怪怪的地方，也做過不少與眾不同的事。比方說，哥哥後璁曾到美國紐澤西「追蹤師學校」接受三個月訓練，結訓後開著休旅車橫跨美國東南部，一直開到西北部的阿拉斯加，展開七個月的極地大旅行；妹妹怡臻曾經到英國當過一年的交換志工，用她專業設計的背景，在當地社區協助弱勢族群兒童。

當他們聽到拖鞋教授的ＤＩＹ帆遊世界計畫，第一個反應是，「這個世界有學不盡的有趣事物，去聽聽看到底要如何參加？」通過面試以及六天在鹽寮基地第一階段的集訓之後，他們更加確定這件事值得全力投入。

雖然後璁與怡臻都有水上救生員執照，但他們異口同聲表示，這一次才算是從頭開始認識海洋，「拖鞋教授和大自然的頻率很諧和，是站在同一邊的，」後璁說話總是帶著一些哲學性的思考，他指出，或許有些人以為ＤＩＹ帆遊世界是征服大自然，但人不可能征服大自然，充其量只是打敗自己的軟弱，這才是最核心的精神。

「拖鞋老師的熱情燃燒了很久，而且從未放棄，」怡臻細心觀察，拖鞋教授作風乾脆、不拐彎抹角，個性不急躁，一步一腳印，始終堅定穩健地朝目標邁進。

後璁原本在台北一間醫院擔任放射師，除了三不五時要職大夜班，還有被減薪、裁員的風險，身體也不堪負荷，以為穩定、有保障的工作似乎也變得不穩定了，「因為不敢輕舉妄動，到後來變成只會做這件事，別的事都做不了，」他幡然領悟，「只要是別人給的穩定，就不是真的穩定，因為別人隨時可以收回去。」

我找不到不去完成的理由

年過三十，他們想到的不是成家、立業。從一般眼光來衡量，一個人若是沒學歷、沒頭銜、沒家累，好像就變得一無是處。與他們兄妹同年齡的朋友，大多是依照社會的價值標準，繼續爬更高的職位、累積更多的存款、換更大的房子、車子；但後璁不是用這些外在條件來證明自我價值，而是積極培養「獨立活下去的能力」。譬如，他可以徒手生火、野外獵食，「因為依賴別人愈多，愈不可靠，唯一能依賴、最可靠的是大自然，」這是他從追蹤師學校學到的精髓。

他們兄妹在阿拉斯加旅行的七個月，平均一個月的花費不到台幣五千塊，其中汽油錢占了一半以上，只買最基本的食物，青菜、水果等，路上如果遇到大風雪，常常連飯都沒得吃，必要時還得獵殺動物裹腹；升火煮飯，必須根根計較，盤算有限的柴火還能再撐幾餐；在華盛頓州大量吃最便宜的蘋果，「肚子餓了，什麼都好吃，其實人需要的真的不多，」怡臻說。

他們決定用最大的好奇心，繼續不斷地探索世界，「我渴望的學習在遠方，想要穿越草原、高山、湖泊冰原與沙漠，」體格黑黝精壯的後璁，在他的著作《阿拉斯加歸來——松林青年的奇幻之旅》寫下了這段話。在當時，他並不知道即將面對另一次截然不同的挑戰，這次要橫越的是太平洋，「我真的很渴望完成這件事，讓生命裡能有這樣一段特別的經歷。」

「我們只是選擇的生活方式跟別人不同而已，」怡臻想得很清楚，活在這個世界上很多事對自己負責都來不及了，不需要對別人的質疑交代，「我不喜歡後悔，我做這件事從頭到尾沒有壓力，好玩又有趣，我找不到不去完成的理由，」怡臻語氣篤定。

大海就像一個久違的老朋友

在夢想團隊成員裡，張景昱（Jason）幾乎是從一開始就受到注意。三十二歲的Jason在一個擁有二十四家門市的生活服務產業擔任展店與業務專案經理，服務業的訓練使他的應對技巧比其他人老練世故，他的表達力和領導力很好，拖鞋教授很快就開始重用他，交付他的任務也總是能圓滿達成。

而且，他是這個團隊中航行經驗最豐富的。十九歲那年，Jason還在就讀高雄海洋科技大學漁業管理系，跟著漁船在海上實習一個月；二十一歲，他與八位同學跟著「跨世紀號」的劉寧生船長繞行台灣外海十三天。

但Jason最後既沒有去捕魚，也沒有去跑船，反而離海岸愈來愈遠。在漁船上實習的那一個月，有一把年紀的魚撈長對著幾個年輕人訴說自己半輩子的捕魚生涯，「我只有四套衣服，二套船上的水手工作服，一套下船後穿的便服以及一套西裝，討海人一點都不浪漫，完全沒有個人生活……。」這些話讓這個小伙子嚇壞了。

Jason是獨子，總覺得有責任要留在身邊照顧雙親，再加上母親不贊成他離家去跑船。在高雄海洋科大唸書期間，他去考了山難搜救員、潛水、游泳教練、濕地生態解說員、賞鯨船解說志工等五、六張證照。但是從學校畢業的那一天，他的航海夢就宣告結束了。

未來到底要幹嘛？他對前途充滿徬徨。Jason又去考了很多不同的專業證照，包括華語導遊、中餐丙級廚師、丙級美容師……；賣過手機通訊產品、捷安特自行車以及目前的工作，嘗試各種不同類型的領域。

其實，他的心裡從未放棄對海洋的眷戀。在林口憲兵學校服役的時候，一遇到放假，Jason常會一個人搭上開往福隆海邊的火車，到了目的地吃個便當，再看兩個小時的海，有時竟然會感動得流出眼淚，「大海就像一個久違的老朋友，看到它就開心，這樣就覺得很滿足了，」Jason形容。大海療癒了這名年輕人。

找回最純粹的感動

退伍後，一頭栽入工作，經常南奔北跑，忙得沒日沒夜。有一次和一名男同事出差到蘭嶼，兩個大男生趴在通勤船甲板的欄杆上，望著太平洋的海水，聊著聊著，可能是想到過去的一些經歷，Jason 突然瞥見那名男同事兩行眼淚汩汩而出，嚇了一大跳，「你是怎麼了？」

Jason 想起當年獨自到福隆看海的日子，不也是這番景象嗎？他意識到在職場上努力打拚，只是為了討好別人，贏得更多掌聲，卻失掉了自己，情感變得麻痺、遲鈍，「不知道到底在幹什麼？」Jason 想回到海邊，即使是開一間供應餐點的小店，這樣的生活也不賴。

二〇一四年初，昔日在捷安特的同事小寶用電子郵件寄了這則蘇帆招募帆遊世界志工的消息給 Jason，「嘿，這不就是在說你嗎？」小寶特別附加了一句。「太棒了，也太瘋狂了！」Jason 眼睛亮了起來，他曾聽過各種海上航行的故事，這世界每天都在發生這種事，唯獨沒聽說過發生在台灣……。

「我一定要去，就算是辭職也要去，」他已做好最壞的打算。Jason 去跟老闆、長官報告時，沒想到居然獲得全票通過，「有夢想就趕緊去做，我們絕對支持你。」他服務的這家公司——薰衣草森林——是販賣夢想的概念生活產業，一向很支持員工去圓夢，每個人甚至享有十天的旅遊假，強調這樣對生活才會有「感覺」。Jason 不用離職，這件事就順利解決，他的朋友幾乎都不太相信，「天底下哪裡有這麼好的公司？」

Jason入選帆遊世界團隊，被通知到鹽寮展開嚴格的訓練。第二天晚上，被拖鞋教授獨自放流在太平洋，從深夜十一點到兩點，海面上一片漆黑，只有遠處數點稀微燈火，Jason聽到久違的海風與海浪聲，深刻感受到與大自然合而為一，找回最純粹的感動，「那一刻，我只想大哭、大笑、大喊與大叫。」

航海是人性的呼喚，一直都是永恆的真理。

一起做一件以後會佩服自己的事

DIY帆遊世界成員以及他們願意追隨拖鞋教授航行的理由如下：

- 馬浩懷，二十二歲，東華大學學生。為了遇見很酷的人。
- 王雅民，二十二歲，東華大學學生。想更加瞭解海洋，並創造一個難忘的經驗。
- 李廷葳，二十一歲，中山醫學大學學生。希望能成功搭著自己打造的船，自由自在的航行於全世界。
- 林安，二十歲，自由演員。人生的道路有些迷茫，嘗試突破人生的瓶頸。
- 范祐齊，二十二歲，東華大學學生。挑戰自己，這個活動是過去我無法想像，從來不像今天這樣享受，雖然疲倦，但是充實，我很喜歡這樣的生活。
- 張景昱，三十一歲，薰衣草森林業務經理。為了找回對海洋的熱情，能為海洋做些事情，讓更多人能親近海洋，別讓大海變成一道牆。

◆潘亮安，二十九歲，獨木舟教練。創下人生記憶的航海紀錄，為後代留下傳奇故事。

◆林育煒，二十二歲，東華大學學生。追求新的冒險與自我成長，感受海洋文化，傳播海洋休閒運動。

◆李怡臻，三十一歲，自由工作設計師。DIY帆遊世界讓舒適圈從陸地延伸到海洋。

◆李後璁，三十三歲，醫事放射師。循著古老人們自然的航海，驗證人類好奇心的界線，對自由和開闊的渴望，在大海母親的懷抱裡漂盪、睡入，回到古遠、古遠的生命記憶裡。

◆王汶昇，三十一歲，生產單位主管。想做一件以後會佩服自己的事，也想跳脫長輩對於生活方式的思維。

◆張原鳴，二十一歲，海洋大學學生。脫離恐海教育下的拘束，在海的洗禮下成長茁壯。

◆莊子毅，二十一歲，中山醫大學生。希望能有不一樣的經歷，別讓人生留白。

◆朱磊，二十一歲，台北科大學生。回歸於原始而簡單的生活。

◆許少濂，三十一歲，觀光服務業。Just do it! 夢想，將不再只是夢想。

◆劉信輝，三十三歲，焊接師，新手爸爸。帆遊世界回來，以後可以跟兒子吹牛。

從一個人的夢，變成一群人的夢

話說當年，拖鞋教授在鹽寮追夢農場種下第一棵樹開始，日日夜夜、心心念念，作著他的海洋大夢。事到如今，這已不只是拖鞋教授的夢，而是一群人的夢。

夢想團隊兩名來自台中中山醫學大學的廷葳和子毅，接獲錄取通知報到的時間，不巧與學校的期中考試撞期，他們不想放棄這個難得的機會，只好硬著頭皮向老師請假，要求能否事後補考。老師詳細詢問原因，他們據實以告，這位作風開明的老師認同這個活動很有意義，當下允諾，「你們兩個如果可以說服全班同學，我就把期中考的時間延後一星期。」結果，他們真的辦到了，帶著同學的關心祝福，他們賣力練習，帆遊世界不僅僅是他們兩人的事，而是全班同學大家的事。

電影《練習曲》主角東明相說過一句話，「今天不做的事，以後更不會做了。」六十一歲的拖鞋教授說，「明天要做的事，其實是你一輩子都不會做的事；只有今天做的事，才是真正會做的事。」

終於，這群人結伴，一起出發上路。

生活風格 FJ1037
拖鞋教授的海洋之夢—— DIY 一條船去環遊世界

作　　者　蘇達貞、王梅
圖片提供　王永年、李旭富、李庭葳、林文瑞、林靜一、班哲明、徐永晟、陳彩玉、張源鳴、溫正毅、楊鈞凱、廖鴻基、閻廣聖、蘇帆海洋文化藝術基金會
責任編輯　張雅惠
美術設計　韓衣非
排　　版　韓衣非
行銷企劃　陳彩玉、陳玫潾、蔡宛玲
總 經 理　陳逸瑛
發 行 人　凃玉雲
出　　版　臉譜出版
城邦文化事業股份有限公司
台北市民生東路二段 141 號 5 樓
電話：886-2-25007696　傳真：886-2-25001952
發　　行　英屬蓋曼群島商家庭傳媒股份有限公司城邦分公司
台北市中山區民生東路 141 號 11 樓
客服專線：02-25007718；25007719
24 小時傳真專線：02-25001990；25001991
服務時間：週一至週五上午 09:30-12:00；下午 13:30-17:00
劃撥帳號：19863813　戶名：書虫股份有限公司
讀者服務信箱：service@readingclub.com.tw
城邦網址：http://www.cite.com.tw
香港發行所　城邦（香港）出版集團有限公司
香港灣仔駱克道 193 號東超商業中心 1 樓
電話：852-25086231 或 25086217　傳真：852-25789337
電子信箱： hkcite@biznetvigator.com
新馬發行所　城邦（新、馬）出版集團
Cite（M）Sdn. Bhd.（458372U）
41, Jalan Radin Anum, Bandar Baru Sri Petaling,
57000 Kuala Lumpur, Malaysia.
電話：603-90578822　傳真：603-90576622
電子信箱： services@cite.com.my
一版一刷　2014 年 8 月

ISBN 978-986-235-380-6

售價： 299 元
（本書如有缺頁、破損、倒裝、請寄回更換）

國家圖書館出版品預行編目 (CIP) 資料

拖鞋教授的海洋之夢—— DIY 一條船去環遊世界
/ 蘇達貞、王梅　-- 一版 . -- 臺北市 : 臉譜，城邦文化出版 : 家庭傳媒城邦分公司發行，2014.08
面 ; 21*14.8 公分 . -- (生活風格 ; FJ1037)
ISBN 978-986-235-380-6（平裝）

1. 自我實現

177.2　　103014243